私の親父と息子の親父

忙しいお父さんにも
できる子育て

佐藤好男

東京図書出版

はじめに

私も七十歳になり、自分の父親がしてくれたことを思い出すと同時に私が自分の息子にしていたことを思い出し、若い父親の方々の子育ての参考にならないかと記述してみた。親が子どもに教えることは、日常の生活習慣、挨拶、マナーやルールがある。また、嘘をついてはいけないなども言葉として教えることが必要である。

一方、子どもは親の背中を見て育つ、反面教師として育つ、親の行動を手本として自分の行動、生き方を考える。子どもは時に、親の協力、援助を必要とすることもある。受験勉強の時にタダで教えてくれるのは親であり、お金を払って教えてくれるのは学校や塾である。

子どもが自分の考えで自分を育てる、生きるために必要なことを身に付けるには、親が発する言葉だけでは成し得ない。親が機会を作って子どもに経験させることや子どもの成長のために人としての生き方を教えることも必要である。

そのために、親は子どもとどのように接し、子どもの自発的な行動を促すのか、多くの親が日々悩んでいる。世の中では三男一女を東大理科三類に合格させたお母さんで『東大に入る時間とお金の使い方』を本として著す方や、子ども三人をアメリカの名門大学であり、また自分が卒業したスタンフォード大学に入れたアグネス・チャン氏などの素晴らしい親としての姿も報告されている。さらにハーバード大学とジュリアード音楽院を首席卒業した才女であるバイオリニスト、廣津留すみれさんのお母さんも素晴らしい方である。

しかし、世の中はこのような素晴らしい親だけではなく、私のように平凡な家庭に生まれ、平凡な会社員として子育てをしている親も多い。また、大学への入学だけで人生が決まらない場合もある。一方、仕事が忙しく子どもの教育がままならない親もいれば、子どもに必要な食事を与えられない家庭もある。そんな家庭に生まれながらも立派な人生を送っている人も多くいる。親は子どもの成長のためにしてあげたいこと、してあげるべきことがある。

本書では私の父親が教えたくれたこと、経験させてくれたこと、私自身が子どもの成長のために、人生を生き抜くためにしてあげたことを紹介している。会社員時代は多忙の日々だったので、子育てでは、子どもと遊ぶことや子どもとの関わりをたくさん持てなかった。

それでも父親として子育てに参加していたと考えている。

日本では今でも子どもとの接触機会を増やすために会社を休むことに抵抗があり、子育てのために有給休暇を取ることもままならない。

私は一人息子のために、一人の人間として生きていくために必要と考えたことを試みた。

一人息子を自由にさせていたことの他、将来の生活に必要なパソコンの操作を通じて職を探すこと、創造力を養うために役に立つだろうとプラモデルの組立体験、広い世界を見せて多様な経験とともにいろいろな人間がいることを知ることなど、多忙なサラリーマン生活の中で父としてやれることをやってみた。物心がついた頃から子どもと話す機会も積極的に持ち続けていた。

子育ての最終目標は自分の能力・力で生きていけるようにすることに尽きる。

私が子育てのためにやってきたことが、日本の多忙なお父さんにとって多少のヒントになれば幸いである。

令和六年九月

私の親父と息子の親父◇目次

Ⅰ　日本の子育て政策と子育てあれこれ

日本の子育て政策（岸田政権）

現在の日本の合計特殊出生率は1・29まで低下した。

第二次世界大戦で敗北した日本は「産めよ、増やせよ」政策で一九五〇年には二三三万七五〇七人が生まれた。その時の出生率は3・65だった、人口は概ね2・1以上なら増加するから日本人口は増加を続け、第二次ベビーブーム（一九七一〜一九七四年）を経て増加し続けた。一九六七年には初めて一億人を超えたが、二〇〇八年の一億二八〇八万人をピークに減少に転じた。合計特殊出生率も低下し、二〇二〇年の国勢調査の結果では1・34になり、二〇二四年現在労働人口の不足が叫ばれている。特にバス、タクシーなどの公共交通分野の人手不足の他、物流の担い手も減少している。一方で人手不足を移民で補っているアメリカと異なり、日本は移民受け入れに対して厳しい条件を付けているため、労働力確保がままならない。

少なくとも人口を増やすためには出生率を高め子どもを大事にし、労働力を少しでも増加させなくてはならない。そのために子育て政策は重要な政策になっている。岸田内閣の子育て政策は四本柱で構成されている。
以下抜粋すると次のとおりである。

①こども・子育て政策

このままでは、二〇三〇年代に入ると、我が国の若年人口は現在の倍速で急減することになり、少子化はもはや歯止めの効かない状況になります。二〇三〇年代に入るまでの六~七年が、少子化傾向を反転できるかどうかのラストチャンスです。このため、以下の具体的政策について、「加速化プラン」として、今後三年間の集中取組期間において、できる限り前倒しして実施します。

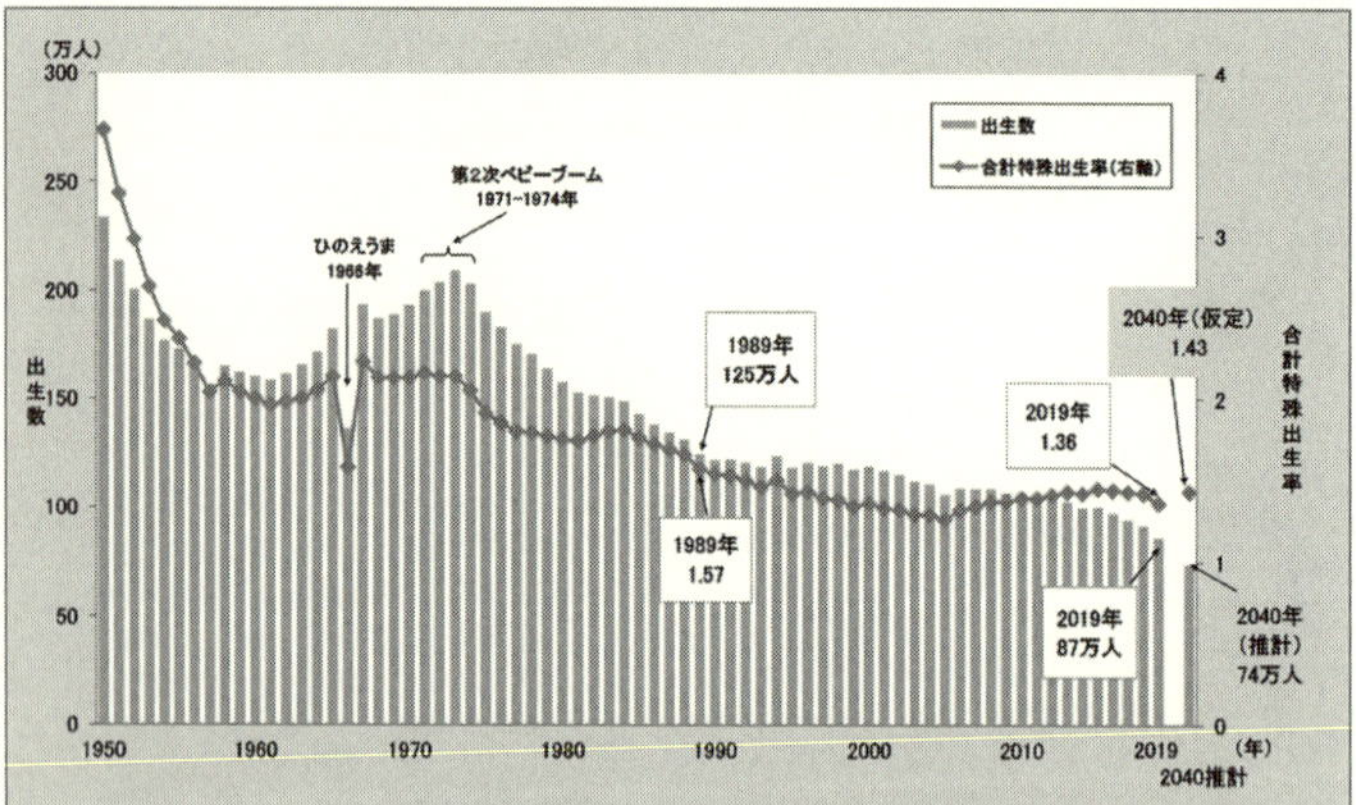

資料：2019年までは厚生労働省政策統括官付参事官付人口動態・保健社会統計室「人口動態統計」(2019年は概数)、2040年の出生数は国立社会保障・人口問題研究所「日本の将来推計人口(平成29年推計)」における出生中位・死亡中位仮定による推計値。

出生数、合計特殊出生率の推移

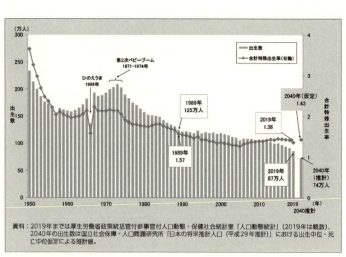

◆子育ての経済的支援

児童手当の拡充、出産・高等教育費の負担軽減等の経済的支援を強化し、若者世代が経済的な不安を覚えることなく、希望どおり結婚・出産・子育てを選択できるようにします。

児童手当の拡充：全てのこども・子育て世帯へ、〇歳から三歳未満は月額一万五千円、三歳から高校生までは月額一万円を給付します。さらに、多子世帯では経済的支援の必要性が高いことから、第三子以降は月額三万円を給付します。

出産等の経済的負担の軽減：今年度より、出産育児一時金を四十二万円から五十万円へ大幅に引き上げるとともに、低所得の妊婦への初回産科受診料の費用助成を実施します。

さらに、出産費用の見える化を行い、二〇二六年を目途に、出産費用の保険適用の検討を進めます。

高等教育費の負担軽減：教育費の負担が理想のこども数を持てない大きな理由の一つとなっているとの声があり、特に喫緊の課題とされる高等教育費の負担軽減を進めます。

具体的には、二〇二四年度から、授業料等減免・給付型奨学金について、対象を多子世帯や私立理工農系の学生等の中間層に拡大した上で、執行状況や財源等を踏まえつつ、多子世帯の学生等に対する授業料等減免について更なる支援拡充を検討し、必要な措置を講じます。また、大学院修士段階において授業料後払い制度を創設の上、本格導入に向けた更なる検討を進めます。

さらに、奨学金の返済が負担となって、結婚・出産・子育てをためらわないよう、貸与型奨学金における減額返還制度の年収要件等の柔軟化による拡充を図ります。

その他、年収の壁（一〇六万円／一三〇万円）への対応、住宅支援の強化を挙げている。

②全てのこども・子育て世帯を対象とする支援の拡充

全てのこども・子育て世帯について、親の働き方やライフスタイル、こどもの年齢に応じて、切れ目なく必要な支援が包括的に提供される、総合的な制度体系を構築します。

③共働き・共育ての推進

少子化には、社会構造や人々の意識に根差した要因が関わっています。個々の政策を活かすため、社会全体の構造や意識を変えることが必要です。

育児休業を取りやすい職場づくり、働き方改革を進めます。

④安定財源の確保と予算倍増

次元の異なる少子化対策を実現するに当たり、今後三年間の集中取組として「加速化プラン」を実施するほか、こども政策を総合的に推進するため、「こども未来戦略」、「こども大綱」を策定し、こども家庭庁予算の倍増を目指します。不退転の決意を持って、スピード感を持って実行します。

これらの政策は出生率向上と子育てに必要な経済的支援、子育て環境の改善などが中心であり、子どもの能力向上のための政策は含まれていない。

令和三年度調査の結果、母子世帯数は一一九・五万世帯、父子世帯数は一四・九万世帯で、平均年間収入（母又は父自身の収入）はそれぞれ二七二万円、五一八万円、世帯の平均年間収入はそれぞれ三七三万円。ＯＥＣＤは「所得の中央値の半分未満」を相対的貧困と定義しており、これに基づくと、日本では「七人に一人が貧困状態」となる。

相対的貧困状態には、食事もまともにとれない極貧家庭もあるが、大半は飢えるまでには至っておらず、きちんと服を着てランドセルを背負って通学もしている。

家計が苦しい子どもたちは子ども食堂でお腹を満たすことが必要になっている。

二〇二三年度の調査では、全国の子ども食堂が昨年度から一七六八カ所増え、

「九一三一カ所」となり、全国の公立中学校と義務教育学校の数を合わせた九二九六カ所とほぼ並ぶ結果となった。子ども食堂が子育ての一翼を担っている。

なお、子ども食堂は個人・企業・団体の支援で成り立っており、厚生労働省も支援している。

支援の要件は申請時点において、子ども食堂等を実施しており、次のいずれかの要件を満たす者である。

①子ども食堂等を一年以上実施している活動実績を有していること。

②子ども食堂等に対する支援活動、子育て支援に関する活動、ひとり親家庭支援に関する活動又は生活困窮者支援に関する活動のいずれかについて一年以上の活動実績を有していること。

助成額は、事業を実施するための経費の合計額（総事業費）から事業に係る収入（寄付金、助成金にかかる利息収入、参加費、利用料、事業を実施する際に生じるその他の収入及び一般会計繰入金〈法人の自己資金〉）額を除いた額の範囲内とする。

ただし、千円未満の端数は切り捨てる。

また、基準額は、上限五十万円の範囲内で、支援を行う人数に応じて算出することとし、以下の①と②の合計額とする。

①食事等支援経費

一支援単位（支援を必要とする者一人に対する一回分の食事等支援〈一食分の食事支援及び学用品、生活必需品の支援〉）当たり五百円に支援を行う人数を乗じた額。

なお、一度に複数支援単位の支援を実施する場合には、子ども食堂等において、社会通念に照らして、適切な支援単位数を計上すること。

②管理運営経費

①の食事等支援経費の額に百分の十五を乗じた額。

※事業終了後精算処理を行い、助成額の未使用等がある場合は返還しなければならない。

子育てを支援する行政・民間の対応

主な対応として以下の四点を示す。

一つ目は収入が少なく、生活保護などの手当を受けながら子どもの食事をサポートする子ども食堂の現状について。
二つ目はお父さんの育休制度について。
三つ目は児童手当について。
最後に子どもの将来の生き方を支援する学校でのパソコン等の学習について。

子ども食堂

厚生労働省「全国ひとり親世帯等調査」によると二〇一六年は、ひとり親家庭数一四一・九万世帯のうち母子世帯数は一二三・二万世帯、父子世帯数は一八・七万世帯となっている。

ひとり親世帯の八六・八％が母子世帯である。また、生活保護を受けているシングルマザーの比率は二〇二〇年では約七・八％で九万五四八九世帯に及ぶ。また、母子世帯の平均年齢は四十一・一歳であり、四十代が四八％、三十代が三〇・二％である。

そのため、その子どもの年齢は五～十八歳が多く含まれることになり、収入の少ない家庭では子ども食堂が果たす役割も大きいことになる。

一方、子ども食堂に対する平成二十九年に実施されたアンケート調査を見ると、都市部が約六割、郊外が約三割を占め、独立した法人による運営が約八一％を占めている。

また、子ども食堂の開催頻度を見ると、ほぼ毎日は三・三％、週一〜二回程度が一〇・九％、二週間に一回程度が二四・五％、月一回程度が四八・五％であり、平日の夜に実施する割合は五五・八％、土日祝日の昼が三九・一％である。

そのため、無料または低料金で実施される子ども食堂では十分な食事がとれない状況にある。

現在、子ども食堂の数は中学校の数に近いと言われているが、地域により偏りもあることなどが対応課題になっている。

このような現状の背景として、子ども食堂を運営する場合、実施場所と実施するスタッフが必要だが、この確保が難しい。また、子ども食堂の開催回数を増やしたくても、元手が必要であり、寄付や国の補助金では足りないという現状がある。

ちなみに国の補助金の上限は五〇万円であり、運営資金としても十分とは思えない。

お父さんの育休制度

男性の育休取得期間は、出産予定日から子どもが一歳の誕生日になる前日までで、最長で一年間まで休業することが可能とのこと。「パパ・ママ育休プラス制度」を利用すれば、一歳二カ月まで延長が可能となる。

パパ・ママ育休プラス制度とは、男性の育児休業の取得促進を図る観点から、両親ともに育児休業をした場合の育児休業等の特例を設けるもの。特例の対象となるためには、配偶者が子の一歳到達日以前のいずれかの日において育児休業をしていることが要件となる。

父親の子育ては、土日祝祭日に実施すればよいが、緊急の場合などは、有給休暇の取得も必要になる。しかし、約七割（六八・六％）の労働者は、年次有給休暇の取得にためらいを感じており、その理由としては「みんなに迷惑がかかると感じる」（五八・七％）、「後で多忙になる」（四二・三％）、「職場の雰囲気で取得しづらい」（三六・四％）の順で多い。

私が勤めていた会社では勤続十年に対して十日間の有給休暇、勤続二十年に対しては二十日間の有給休暇を認めていた。有給休暇を利用して子育ての機会に充てることができるが、なかなか子どもとのタイミングが合わなかった。

それでも土日祝祭日には、昼食、夕食などの機会に子どもとの会話ができた。

子どもが大きくなったら、深夜帰宅を避けて夕飯を一緒に食べるか、土日に昼食や夕食の機会を利用すればそれなりに子育てに参加できる。

厚生労働省「令和五年度男性の育児休業等取得率の公表状況調査」（速報値）によると、従業員一千人超の企業のうち、三月末決算の企業の約九割が六月中に公表が完了予定であり、また男性育休等取得率は四六・二％、男性の育休等平均取得日数は四六・五日となった。

（一四七二社が有効回答企業として該当〈千人超の企業に絞れば一三八五社〉）

男性の育休等取得率と平均取得日数の関係（n＝百八十一）(注1)は図のような関係になっており、男性の育休等取得率が高いほど、平均取得日数が短くなる傾向が見られる。

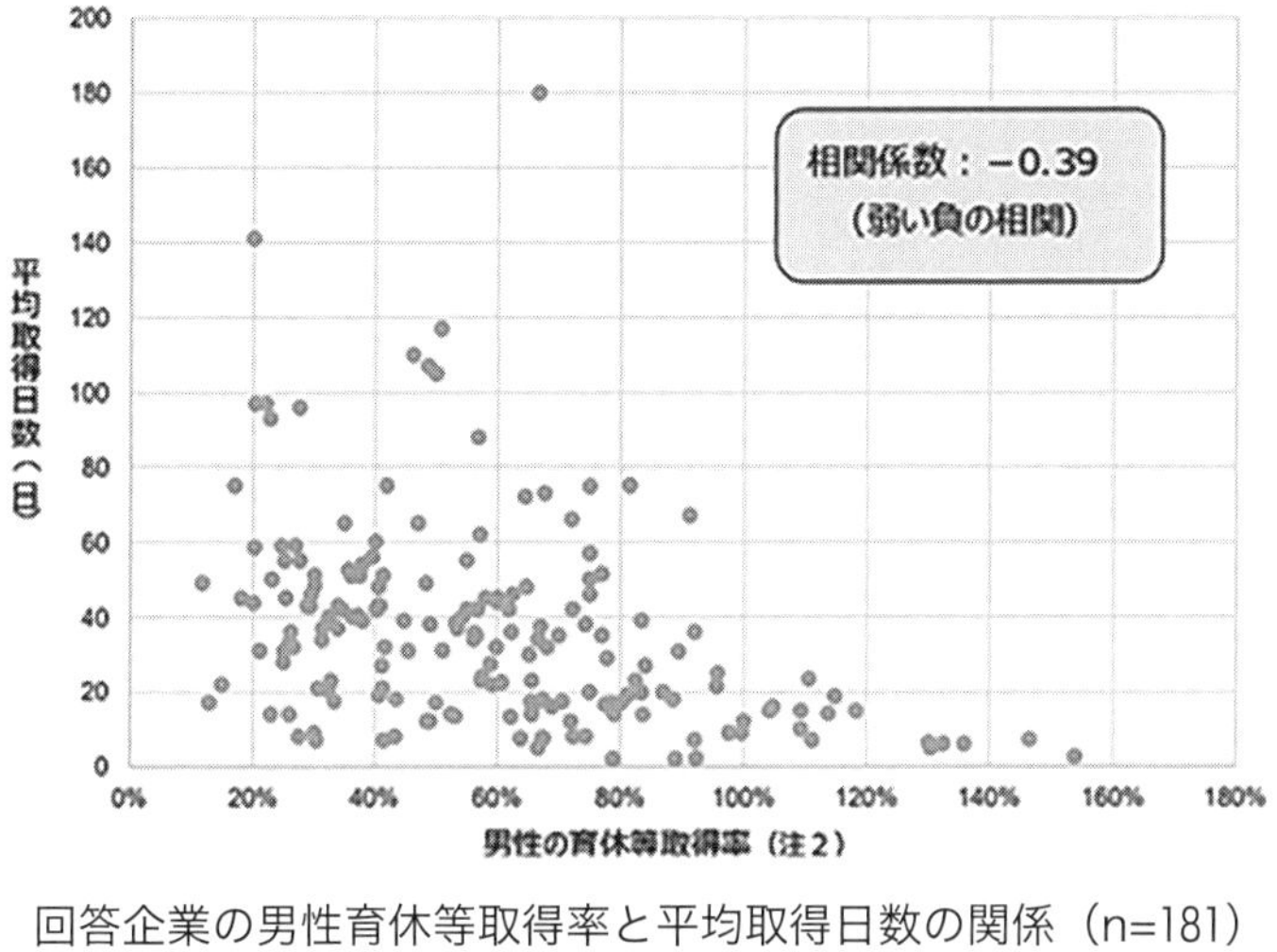

回答企業の男性育休等取得率と平均取得日数の関係（n=181）

出所：厚生労働省イクメンプロジェクト「令和５年度男性の育児休業等取得率の公表状況調査」（速報値）に、筆者加筆

注1：男性の育休等取得率、平均取得日数を集計・計算可能な企業のうち、「前事業年度に配偶者が出産した男性労働者の数」「前事業年度に育児休業を取得した男性労働者数」がともに十人以上であった企業を集計対象とし、外れ値を削除した。
注2：計算方法の関係上、育休等取得率は一〇〇％を超える場合がある。

また、「取得率を公表した効果・変化」では、「社内の男性育休取得率の増加（三三・一％）」、「男性の育休取得に対する職場内の雰囲気のポジティブな変化（三一・五％）」、「新卒・中途採用応募人材の増加（八・三％）」の順で回答が多く、男性育休取得率を公表することにより、育休取得の促進だけでなく、人材獲得の面でも効果を感じている企業が多い。

児童手当

児童手当は、児童を養育する方に手当を支給することにより、家庭等における生活の安定及び次代を担う児童の健全な育成に資することを目的とした制度である。家庭における経済的負担の軽減は子どもの出生数増加にも影響する。
児童手当の財源は、令和五年度の予算案ベースで、総額一兆九四四二億円。財源は、**原**

則、「国」が全体の三分の二、都道府県と市区町村を合わせた「地方」が三分の一を負担する。ただ会社員などの場合は、一部を「事業主」が負担している。

こども家庭庁のホームページには児童の年齢と月額の手当が次のように表示されている。

三歳未満　一律一万五千円
三歳以上小学校修了前　一万円（第三子以降は一万五千円）
中学生　一律一万円
高校生　一律一万円（二〇二四年十月から）

ただし、世帯主の年収が九六〇万円を上回る場合は特例給付となり、支給額が減額される。

また、二〇二四年から第三子以降の児童手当額は月一万五千円から三万円となる。

給付面については、まず、貧困対策なのか、社会全体による子育てを体現化した普遍的給付を目指しているのか、目的が不明確である。次に、所得制限の設定に三つの難点がある。

まず、共働き世帯に有利な仕組みとなっており、片働き世帯との公平性に欠ける。

二つ目は、所得制限の前後で可処分所得の逆転が生じ、合理性に欠ける。

三つ目として、パート主婦の就労調整を招き、就労の意思決定を難しくしている。

学校でのパソコン学習

小学校、中学校、高校でのパソコンプログラムの学習が始まっている。

小学校は二〇二〇年から、中学校は二〇二一年から、高校は二〇二三年から必修科目として実施されている。

プログラミング教育が必要とされる背景として、第四次産業革命やグローバル化に対する人材補強（二〇三〇年にはＩＴ人材が約七十九万人不足すると経済産業省が予測しており、人材育成が必要となっている）などがある。なお、第四次産業革命とは、ＩｏＴ（モノのインターネット）やＡＩ（人工知能）、ビッグデータの活用などによりもたらされる技術革新のこと。

小学校のプログラミングの授業では正三角形や正六角形を作図するためのプログラミングをすることで、どんな命令をすればプログラムが動くのかを考えさせたり、プログラミングをすれば容易に作業を終わらせることができることなどについて学習している。

高校には必修科目の「情報Ⅰ」と選択科目の「情報Ⅱ」がある。大学入試の共通試験科目として「情報」が設定されており、勉強しなければならない環境が設定されている。

平成二十六年度「諸外国におけるプログラミング教育に関する調査研究」報告書から、二十三カ国のプログラミングに関する実態調査を見ると日本は後発国であり、学校での教育が遅れていることがわかる。主要国の状況を見ると以下のとおりである。

アメリカでは州や学校により異なり、コンピュータサイエンスとしてプログラミングの授業が取り入れられている。必修化はされていないが、選択科目として学べる。

イギリスでは、二〇一三年のナショナルカリキュラム（教育の国家基準）で、Key Stage 一～四（五～十六歳までの義務教育期間）の全学年にアルゴリズムの理解やプログラミング言語の学習を取り入れた「Computing」の授業を必修化している。

プログラミング教育では、国家プロジェクトとして教育者育成がなされている。

フランスでは、リセと呼ばれる高等学校で、数学の授業の一部としてプログラミング教育が行われている。ＩＣＴリテラシー（ＩＣＴを使った子どもへの情報教育）は初等教育から行われている。

※「リテラシー」とは、もともと「読み書きの能力」を意味する言葉だが、現在の使われ方としては「ある分野に関する知識や能力を活用する力」を指すことがほとん

どである。ビジネスの場では「情報を適切に理解、解釈して活用すること」というニュアンスで使われることが大半となっている。

ＩＣＴリテラシーは必修科目として初等教育から取り入れられている。

ＩＴ先進国のひとつとされるインド。インドではＩＣＴ教育に力を入れており、二〇〇五年からＩＣＴまたは、コンピュータサイエンスとして取り入れられている。初等教育（日本の小・中学校）から授業がある。州により規定が様々で、必修化されていないが、多くの学校でプログラミング教育を含む、コンピュータの授業が行われている。

アジアでは韓国が最も早くから、コンピュータ教育の必要性を提唱し、その導入を行ってきた国のひとつである。プログラミング教育は二〇〇七年に選択科目として導入されている。

日本の学校では教育が始まったものの、プログラミングを教える教師不足や、ＩＣＴ環境が整備されていないなどの問題がある。

教師不足には民間企業の社員に副業としての労働を認めて対応するなど不足の穴埋めが必要である。

また、ＩＣＴ環境の充実に向けて国・自治体の予算確保が必要とされている。

お金に関する教育

お金に関する教育については、小学校では二〇二〇年度から金融教育が開始され、中学校は二〇二一年度から、高校は二〇二二年度から始まっている。

高校生には、お金や金融の様々な働きを理解し、それを通じて自分の暮らしや社会について考え、自分の生き方や価値観を磨きつつ、より豊かな生活やよりよい社会づくりに向けて主体的に行動できる態度を養う、金融教育がなされている。

日本人はお金が手元にあると将来のために「貯金」してしまい、アメリカや中国などと異なり、現在の生活を楽しむためにお金を使わない、また投資をして国内、海外の企業を支援するという発想にならないと言われている。

しかし、最近は日本でも新ＮＩＳＡなどの投資にお金を回す若者が増え、年金がいくらもらえるのかわからない未来への一つの対策と考えている若者も増えているようだ。

日本の株式、海外の株式などに投資して年金を安定させようとする厚生労働省所管のＧＰＩＦ（Government Pension Investment Fund）年金積立金管理運用独立行政法人の資金運用額は二〇二二年末に一八九兆円だったが、二〇二三年末に二二四兆円と二割増。

国民が国内外の株式などにもっと投資して株価が上がれば若者が心配している将来の年

金も安定する。日本のお金に関する教育にはこのような背景も見え隠れする。

小学生にお金の教育をすることによって、お金の基礎知識を習得できる、正しい金銭感覚を身に付けられる、物を大切にする感覚を育めることが期待される。

中学生向けの教科書の例として、社会科では起業を模擬体験する活動を通して、会社の仕組みや工夫、金融の働きや職業の意義、経済に関する諸問題などを自らの問題として捉えてもらう。また、技術・家庭科では金銭管理、契約、消費者被害やキャッシュレス化の進行に伴う多様な購入方法や支払い方法の仕組みなどを理解してもらう。

金融庁の「高校生のための金融リテラシー講座」を見ると、金融に関する健全な意思決定を行い、究極的には金融面での個人の良い暮らし（well-being）を達成するために必要な、金融に関する意識、知識、技術、態度及び行動の総体を金融リテラシーの定義としている。

学ぶことは、自分の将来の暮らし方について考える（ライフプランニング）、そのために必要なお金と、準備の方法（家計管理・資産形成など）を学ぶ、金融トラブルに遭わないよう、手口や対処法を知るということである。

プログラミング教育によって、多くの分野の学習にも役立つ「読解力」「問題解決能力」「論理的思考力」を向上させることができる。また、小学生からプログラミングを学ぶことで、将来の職業選択肢が増え、創造性や英語力を高めることもできる。プログラミングを使う技術分野は広く、システムエンジニアやプログラマだけではない。どんな職業に就いたとしてもパソコンスキルは必須と言える。

私の場合は、大学の時に先輩から、技術者として生きていくためには、パソコンのプログラムを作ること、統計学をマスターし数字の処理ができること、そして海外の情報を入手するために語学（英語やドイツ語など）を勉強することが必要と言われた。

そのため、英語はそれなりに勉強し、パソコンのプログラムは当時「赤本」として販売されていた基礎的な統計計算のプログラムを勉強した。また、統計に関しては、多変量解析の分野を一通り勉強した。重回帰分析や数量化第Ⅰ類（現況のデータから変数間の関係式を推定する、変数を入れ替えて予測する）、判別分析や数量化第Ⅱ類（数量を区分する）、クラスター分析や数量化第Ⅲ類（分類、グループ化する）など。私は技術士として都市問題や交通計画・交通政策などを扱っていたが、様々なアンケートの集計だけでなく、膨大なデータの解析にコンピュータが必要とされている。

出生率を上げるためには正社員の増加も必要

国内従業員の中で女性の非正規雇用の割合は現在約四割になっている。

過去の推移は折れ線グラフから分かるように、一九九〇年代は二割だったが徐々に増加して二〇〇三年には三割台に突入、二〇一四年頃から四割弱の値になってきた。

また、厚生労働省「令和四年賃金構造基本統計調査」から、正社員・正職員の月額平均給与は三二万八〇〇〇円、一方正社員・正職員以外の月給は二二万一三〇〇円で、非正規職員の月給は正規の月給よりも三五％以上低くなっ

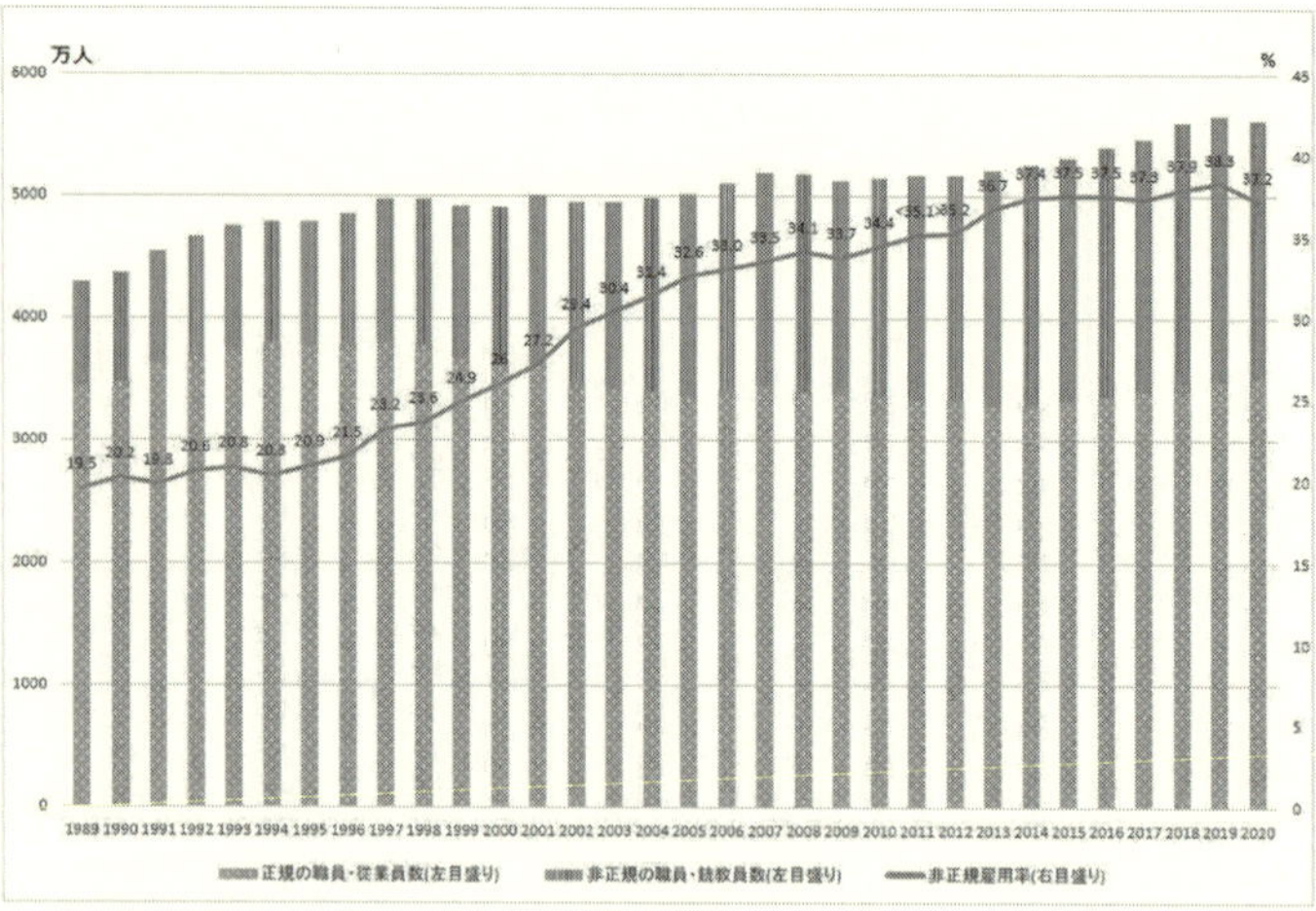

非正規雇用率

総務省：労働力調査特別調査（1989～2001年度まで各年２月の値）

ている。

正社員になりたくない理由は「責任が重い」「転勤がある」など、人によって様々である。

しかし、非正規雇用の場合、「収入が不安定」「スキルアップが難しい」なども背景にあるが、企業は安い労働力によって利益を上げていることも事実。

企業側のこのような考え方が変わらない限り、非正規従業員の割合が減ることはない。

議員の中には過去の二割ではなく一割まで低くできれば年収四百万円程度の貧困状態から抜け出すことができ、出生率を高めることも可能とみている人もいる。

確かに低収入では自治体からの補助があっても子どもを産むことや、育てることはできない。

子育ての考え方あれこれ

東大理三に子どもを進学させた

佐藤亮子さんのご家族は旦那さんが東大出身の弁護士さん、亮子さんは津田塾を卒業しており、教育評論家でもある。子どもは男の子三人と長女である。経済的には裕福な一家であり、男の子三人は灘中・灘高を卒業し東大に進学している。長女は洛南高校を卒業して同じく東大理三に進学している。二〇二三年現在、三人の男の子たちは医師として活躍しており、長女も研修医として働いている。

東大理三の偏差値は七七であり、日本の医学部では八十二校の頂点、最難関の医学部である。東大医学部は約百五十年の歴史があり、日本で二番目に古い医学校。著名な卒業生も多く輩出している。

中でも基礎医学研究においては高い評価を受けており、東大合格者約三〇〇〇人のうち理科三類は百人であるから、佐藤さんの子どもたちが如何に優秀な子どもたちかがわかる。

東大医学部の次に難しいのが京都大学医学部、第三位が慶應義塾大学医学部であり、六年間の学費総額は国立大学で約三五〇万円に対して慶應大学は約二二〇〇万円である。

ちなみに国家試験合格率は東大が九一％、京大が八八％、慶応が九七％である。

ただし、合格率は年度により異なる。

◆就学前にひらがな、九九、一桁の足し算

一桁の足し算だけなら私も母から教わりできていた。幼稚園の頃、親戚の家に行って、四歳年上のいとこが友達数人の前で問題を出し、それに私が答えるということを何回か試していた。

二桁の足し算もできていた。基本は母親から学んだ。

九九は小学二年生の時に簡単にマスターした。

佐藤ママは就学前に子どもたちにマスターさせていた。基本的な能力は確かに就学前に身に付けて損はない。

また、三歳までに絵本の読み聞かせをすることで豊かな感性を育てた。

ひらがなを覚えることで、自分で絵本などを読み様々な情報、知識を身に付けられる。

言葉を覚え、さらに社会の窓として新聞を活用していた。また、子どもたちは母親の調

べる習慣を見て、自分たちの成長に役立てていた。正に親の背中である。

スタンフォード大学に三人の息子を進学させた

アグネス・チャン氏は皆さんもご存知の通り、香港から日本に来て一九七二年に『ひなげしの花』で、日本で歌手デビューし、その後上智大学国際学部を経てカナダのトロント大学（社会児童心理学）を卒業。一九八五年に結婚して三人の男の子を出産、子育てをした。

一九八九年にはアメリカのスタンフォード大学教育学部博士課程に留学し一九九四年に博士号（Ph. D）を取得している。歌手であるとともにエッセイスト、教育学博士である。アグネス・チャン氏の夫・金子力さんは早稲田大学を卒業しており、アグネス・チャン氏が所属している芸能事務所の社長を務めている。また、三人の子どもの国籍はバラバラであり、長男はカナダ国籍、次男はアメリカ国籍、三男は中国国籍とのこと。このグローバルな国籍を有している息子たちはアグネス・チャン氏の留学先であるカナダ・アメリカと関係しているが、三男はなぜ中国なのかな。アグネス・チャン氏が香港育ちだからだろうか。

教育ママを宣言し、限りない愛情を注ぐ、自分より子ども優先、叱らずに適切に褒めて育てる、体罰は絶対にいけないなどを子育ての考え方としていた。このような考え方はトロント大学で学んだ児童心理学やスタンフォード大学で教育学を学んだことが活かされている。

また、子どもに与えたい十六の能力として、次のようなことを挙げている。

頭脳力、読解力、集中力、想像力、国際理解力、学習力、健身・建心力、判断力、質問をする力、聞く力、意見を述べる力、気づく力、笑う力、自制する力、臨機応変力、疑う力。

さらに勉強ができる子にするための九つのメソッドとして以下のことを挙げている。以下は文章のタイトルである。

学校に通う理由を説明する、中途半端が一番辛い、宿題は中学まで見よう、得意を伸ばすと不得意も伸びてくる、いい点数を取るために、テストも勉強も好きにさせる、英語は欠かせない、音楽・アートとスポーツで幅広い人間性を、インターネットを上手に使う。

子どもに与えたい能力、勉強ができる子にするための方法には異議を唱える人は少ないだろう。学問を修めるために必要な基礎的な能力が身に付けば、子どもはどんどん成長し、困難なことに立ち向かっていける。

このような子育てによって世界で三番目に難しいと言われるスタンフォード大学に三人の子どもが入学できて卒業している。その後、長男はカリフォルニアを拠点に不動産企業向けのソフトを開発するIT企業のCEO、次男はアメリカの大手音響会社のエンジニア、三男はAIの開発を手掛けており、自分で開発したものの特許を五つ申請中とのこと。

また、アグネス・チャン氏がすすめる、子どもが乳児期からやっておきたい三つのことが紹介されている。

◆**選ばせる**

例えば、二つのおもちゃを手に取って、「どっちが欲しい？」と赤ちゃんに考えさせる。

こうすることで成長していく段階で、意見のある、自主性のある人間に育っていくようだ。

◆**予測させる**

人生の困難を乗り越えるためには、予測力は欠かせない。そこで親が赤ちゃんをくすぐる。

赤ちゃんはくすぐる動作をするとくすぐられると予測するようになる。

◆因果関係を教える

自分の行動の因果関係を覚えさせる。たとえば、赤ちゃんが誰かをぶったとき、お母さんがそばに行って、「人をぶってはいけないよ」と悲しんだ顔をすると、赤ちゃんは自分の行動がお母さんに大変な悲しみを与えていることを認識する。

見守る子育て

子どもに与えた方がいいものとして三点挙げている。

一つは勉強するのが当たり前という考え方。

これに異論を唱える人はいないだろう。勉強は学校の教科書だけでなく自分が必要とする情報であり、事典からの情報やパソコンからの情報もある。学校の勉強は言うまでもないがそこにこだわる必要もない。

二つ目は情報を取り入れる技術。

今の世の中、小学生からパソコンを勉強している子は多く、辞書で調べるかパソコンの検索機能を利用して調べるか様々な方法がある。いろいろと疑問に思うことや新しい言葉・諺など調べることにより読解力も向上する。

次が、工作であり、これから見える才能として想像力、手先の器用さ、立体感覚、観察力であり、学びに適したスタイルとして、全体像を見せてから学習を進める、自分で考え解いてみて納得する、原因と結果を明らかにした学び方を挙げている。

さらに、ゲーム（ロールプレイング）から見える才能として情報を収集・整理する力、調べる力、継続力を挙げ、学びに適したスタイルとして成長が目に見えるこまめな確認テスト、辞書・インターネットなど調べるツールを準備する。

それぞれの関係は明確に理解しがたい部分があるが、私が息子にやらせていた数多くのプラモデル作りは積み木・ブロック、工作と通じているような気がしている。

プラモデル作りをすることで空間把握能力や想像力・創造力が養われる。

三つ目は環境に出会うチャンス。

保育園や小学生・中学生になっても日常と異なる環境を経験させることで、視界が開け、新たなことを覚え、感じ取ることができる。

私の場合は国内の様々な都市に機会あるたびに連れていったこと、海外旅行で普段目にしない風景、イベントの経験をさせた。

息子はどのような感じ方をしたのかわからないが、大人になったら自分たちで海外旅行を楽しんでいる。

また「教科書ベースの勉強」ができていれば世界でも十分通用すると記している。

この言い方には多少の疑問がある。一つはまともにできているのは偏差値の高い生徒・学生と考えられ、落ちこぼれはそれなりに存在している。

こんな中、ＯＥＣＤ（経済協力開発機構）が加盟国二四カ国・地域の十六歳から六十五歳までの男女個人を対象として実施した、「国際成人力調査」で、「読解力」「数的思考力」「ＩＴを活用した問題解決能力」の三分野のスキルを調査した結果、日本は「読解力」「数的思考力」の二分野で一位、「ＩＴを活用した問題解決能力」もコンピュータ調査を受けた人の平均で一位であり、世界でも突出して能力が高いことが示されている。そのため、日本の教育のベースレベルは非常に高いと記している。

さらに「好きな遊び」「見える才能」「学びに適したスタイル」としていくつか挙げている。

その中の例として私が関心のあることを挙げる。

一つは積み木・ブロックであり、これから見える才能は空間把握能力、立体感覚、応用力、試行錯誤する力であり、学びに適したスタイルとして問題条件を整理してから考える、言葉を段階的に組み立てて文を作る。

男を磨けば子供も家族も幸せになる！

「子どもは親の背中を見て育つ」というように子どもは親の「素行」を見て育つ。父親として子育てをするには、まず父親自身が自立して人から尊敬されるぐらいに「自分育て」をする必要がある。青木匡光氏は自らの経験にヒューマン・メディエーター（人間接着業）としてキャリアから得た知恵や工夫を盛り込み「男親の子育て」について解説している。

「Q1　子育てにおける心構えとは？　サルの研究者として有名な河合雅雄氏によると、うまれたばかりの子をもつ母ザルは、自分から二メートル以上離れたところに子ザルを行かせないようにするそうだ。ところが子ザルが歩けるようになると、赤ん坊ばかりのグループができる。

そこで起こるたいていのことに母ザルたちは知らん顔をしているが、母ザルは自分の子の声はよく覚えていて、岩から落ちて『キャッ！』という声を聴くと、さっと飛んでいくという。一見、放任のように見えるが愛情の紐のようなものがいつもピンとつながっている。

つまり動物の子育ての基本は、人間と全く同じで、子どもが将来きちんと独立して生きていけるようにすることにある。」

そこで、「Try! 子供をはぐくむ戦略家に！ 父親は、いつも子供の様子をじっと見守り、必要な時だけ段取りをつける。このフトコロの深さが、賢明な父親の愛情だ。名戦略家として、日頃から子供の成長に必要な段取りを考えておくことだ。」

「Q6 存在感のある父親になるためには？」の中で次のような提案をしている。

「Try! これだけはという自分の世界を持つ！ 何かに打ち込んでいる父親の姿に、子どもは強く印象づけられる。趣味でもなんでも取り組み方が中途半端ではなく、本格的に徹底研究している父親を誇りに思うのだ。父親の存在感を難しく考えなくてもよい。子どもにとって誇りに思える何かを父親が持っていれば、それがしっかりと心に刻まれていく。」

「Q31 子供のためになるお金の使い方とは？」の中で次のようなことを述べている。

「親は子どもを『よい子』にするために必要な物を買ってあげる、塾に行かせるなど、お金を費やしているのだが、子供の方は『親はそうしたいから、そうするのだろう』『親が自分のために勝手にやっているのだから当然だ』と思っている。」

「『子供のために本当に意味あることは何か』を考えていなかったのだろうか。」

これに対して「Try! 大きなコスト意識で、心の贅沢を！ 船旅、山登り、高原キャンプなど様々な仕掛けで子供に心の贅沢を味わわせたい。使うべき金はしっかり使うが、ムダには使わないという大きなコスト意識が大切だ。」と言い切っている。

歴史からみる父親の役割

縄文時代は狩猟技術を伝えていた

縄文時代は約一万三〇〇〇年前から二〇〇〇年前までの時期とされている。食の基本となるものは山に住む動物、木の実や野草の他、川や海の魚だった。例えば石狩紅葉山49号遺跡のようにサケが戻ってくる川の近くに住んでいた村ではサケを取って食べていたこともある。

また、とってきたものをそのまま食べるだけでなく、加工して食べることもあったようで、そばや豆も作っていたことがわかっている。

衣服はよくみられるように動物の皮を利用していたことだろう。

アメリカ生まれの人類学者、ジョージ・マードックは、世界各地の先住民集団における土器の作り手を調べ上げ、八割方の社会集団において女性が土器の作り手であることを明らかにした。こうした結果をもとに、縄文土器の作り手も女性であったと考える考古学研究者は多い。

このような生活の中で、父親は子どもに狩りの仕方や川魚の取り方など伝授していたことだろう。家族を守るために、子どもが生きていけるように、父親が教えていたと考えられる。

弥生時代は米作りと狩猟を教えていた

縄文時代に続く弥生時代では川の近くで稲作が行われていた。弥生時代は、今からおよそ二三〇〇年前（紀元前三世紀）からおよそ一七〇〇年前（三世紀）までをいい、弥生時代の遺跡は、縄文時代の遺跡に比べて少ない。これには稲作に適した場所が少なかったことが影響していると考えられる。狩猟時代の移動生活から定住により、複数の家族が集団で生活するようになったと言われている。この時代では子育ても村社会全体で行われていたと考えられる。

平地に住み食の心配が少なくなった時代だが、人骨の調査研究から成年（二十〜三十九歳）、熟年（四十〜五十九歳）の数は多いが、幼児死亡率が高かったことから、平均寿命は三十歳前半と言われている。食の不安がなくなっても病気に対する対処法がなかった。

薬として利用できるものが何かもわからなければ、特に幼児などの病気には対応できなかったに違いない。

この頃の出産年齢は十代後半から二十代前半頃と推定され、亡くなるまでの年数は十〜二十年程度となる。この期間で生活に必要な稲作の方法や狩猟の方法を子どもに伝えていたことだろう。または子どもが、親がやることを見て、自然に生き方を学んだのだろうか。はっきりしたことは分からないが、生活のために親から子へ伝えたことがあるだろう。

江戸時代は家職を教えていた

関ヶ原の合戦によって天下を掌握した家康は、慶長八年（一六〇三）二月十二日に征夷大将軍の座についた。家康六十二歳である。江戸時代は徳川家康が江戸幕府を成立させた時から一八六八年まで続いた。家康が亡くなったのは七十三歳だから約十年後に亡くなった。一六三五年、江戸幕府は、大名に「参勤交代」を義務付けた。各大名は、原則として江戸に一年、国元に一年住むことを繰り返さなければならなくなる。また、大名の妻子は常に江戸で暮らすことが決められたことで、大名が蓄財できず、武力を拡大することができなくなったため、長い間徳川家の時代が続いた。身分制度は士農工商となり、食べ物を作る農民は商売で生きていく商人より身分的には高かった。江戸時代における教育機関は、「私塾」、「家塾」、「寺子屋」などがあった。有名な塾として吉田松陰の松下村塾（山口県）、本居宣長の鈴屋（三重県）、シーボルトの鳴滝塾（長崎県）などがあり、家庭以外での学びが可能だった。

このような中で、家職継承のために、父親は自ら経験してきた技術や知恵を、そのまま子どもに引き継ぐという役割を担っていた。父親は「家」を継承するために、子育てに熱心だったようだ。

II　日本のお父さんと子育て

夫は外で働き妻は家庭を守る

「夫は外で働き妻は家庭を守る」は男女とも八割以上が賛成

過去のアンケート調査結果では家庭を守るのは妻であり、夫は外でお金を稼いでくるという日本ならではの考え方が定着している。

妻が家庭を守るのであれば、子どもの教育も妻が中心となってしまう。

総務省「労働力調査」によると、令和三年の女性の就業者数は二九八〇万人と前年に比べ十二万人増加（前年比〇・四％増）した。就業率（十五歳以上人口に占める就業者の割合）は五二・二％と、前年に比べ〇・四ポイント上昇した。

ＯＥＣＤ諸国の生産年齢人口の女性の就業率は二〇二〇年（令和二年）で七〇・六％であり、三十八カ国中十三位、スイスの七五・九％より五ポイントほど低いが、それほど低いわけではない。

これに対して共働き世帯数の推移をみると、一九八一年頃は専業主婦世帯数が約一一〇〇万世帯、共働き世帯数が約六〇〇〇万世帯であり、約三分の二は専業主婦世帯が占めていた。

女性の就学率が低かったことなどが影響している。これが女性の社会参加率が上昇することで徐々に減少し、一九九一年頃には専業主婦世帯と共働き世帯が九〇〇万世帯弱と並び、二〇二二年では、専業主婦世帯数が五三九万世帯、共働き世帯数が一二六二万世帯になっている。（総務省統計局「労働力調査特別調査」、総務省統計局「労働力調査（詳細集計）」より）

これは日本経済が停滞し、夫も含めて給与所得が伸びていない経済環境の影響から家計を維持するために共働きの必要性が高まってきたからである。

ただし、女性就業者の約四割は非正規雇用者であり、非正規雇用者の女性の割合は七割を占めていて、女性の場合の正社員・正職員と正社員・正職員以外（非正規社員）の給与は正職員の平均が二七一万円に対し、非正規職員は一九五万円であり、約七六万円の差がある。

これは年齢合計であり、子育て層が多い三十代、四十代ではさらに格差が広がり、子どもの世話にも時間がとられるためにフルタイムでの労働ができないだけでなく、百三十万円の壁もあり、働きたくても働けない主婦も存在する。百三十万円を超えると社会保険料の支払いが生じ受取金額が減ってしまうという社会の制度の存在がある。

（参考：厚生労働省「賃金構造基本統計調査」／二〇二一年）

結局、多くの場合は夫の稼ぎが重要な役割を担うことになる。

家事を分担しているかどうかを5カ国で比較すると、平均が約八〇％に対し、アメリカが九三・四％、韓国八七・〇％、デンマーク八三・〇％、ドイツ七七・〇％、日本は五六・〇％、日本の主婦は家事を担当する割合が高い。日本ではこの考え方をする人の割合が高い。また、家事の価値を見直す動きがある他、効率化に向けて「働き方改革」が求められている。

日本のお父さんは忙しい

二〇二〇年国勢調査で、夫が就業している一九〇七万世帯のうち、妻が専業主婦（非就業）の世帯は五八二万世帯・三〇・五％、共働きの世帯（妻も就業）は一三二一万世帯・六九・二％である。

共働き世帯が増加しているが、女性の中には非正規労働をしている方が多く、世帯収入を支えているのは平均的には夫になる。

日本人の労働時間は減ってきているが、残業を強いられる人も多く、私自身も三十代、四十代の頃は残業の毎日であり、いつも深夜帰宅をしていた。

子どもが寝静まった頃に帰宅するため、子どもとの接触機会が少なく、土日に顔を合わせ食事する、買い物に行く、そんな日々を過ごした。

それでも、子育てをすることはできた。要は時間ではない。子どもの要求を聞き入れることだ。子どもの教育は必要なかった、道徳的行動を教えることはあっても説教をすることはなかった。少ない時間でどのように子育てに参加するか、十人十色だろうが、私の場合は子どもを自由にして、子どもが必要とする時に父親としての行動をとることだった。

私が高校生の頃にこのようなことを体系的に勉強していたら、過去に投資信託で大きな損失を出すこともなかったかもしれない。私は学生時代に一般の経済学を受講したが、先生は病弱な方だったので、途中でリタイアした。社会人になった時にトロント大学で博士号を取った先輩に経済学の教科書を渡されたが、ろくに読まないで返したこと、金融や経済をまともに学んでこなかったことから、息子には「大学の授業で経済や経営があったら勉強しておけ」と言ったら、卒業の時に経営学の単位は取ったと言っていた。今の大人、社会人にも必要なお金の話であり、ＮＩＳＡをやっている若者も知っておいて損はない。

ワーク・アンド・ライフ・バランス

子どもとの会話や行動を共にしたい場合、父親は定時に帰宅することが望まれる。しかし日本人の場合、他の職員・社員に気を使いすぎることで、なかなか定時に帰れない人も多い。

私が会社員の頃は、仕事が個人別に異なり、一人でプロジェクトを進めることが多いことから、自分の意思で自由に帰宅することができた。私の同僚の中には、定時に帰宅する職員もいたが、私の場合は「今日できることを明日に延ばすな」"Never leave that till tomorrow which you can do today."というアメリカ建国の父と呼ばれるベンジャミン・フランクリンが残した言葉を高校の頃にインプットしてから、とにかく一区切りつくまで帰宅することはなく、平日は毎日深夜帰宅になっていた。

若い頃は中学時代にバレーボール部で基礎体力を養い、大学時代も駒沢公園の2キロの散歩道を三周して、腹筋・背筋・階段の上り下りを三セット繰り返したことがあり、体力には自信もあった。

もちろん、夜の食事は自宅ですることはなく、会社近くの飲食店で済ませていた。最悪のパターンとして、深夜の二時頃にタクシーの運転手さんと牛丼屋に入ったこともあった。

子どもの顔を見ながら食事をするのは土日の昼食か夕食の時だけだった。

ハッキリ言って仕事と家庭生活とのバランスは取れていない。

しかし、これを挽回するのは土日の生活である。

子育てには平日に子どもの顔を見ながら生活することも必要だが、一生懸命に働いているぞ、と父の姿を子どもに認識させることも必要と考えていた。

子どもにあれこれと教えることも重要であるが、父の背中を見て育った私は子どもには自由な考えでのびのびと生活してほしいとも思っていた。子どもが自分で考え、行動し、困った時に父親を頼るなら、その時は手助けしようと。

毎日定時に帰宅する父親を子どもはどんなふうに感じているのだろう。

私の妻の姉夫婦、旦那さんは子ども教育にとても熱心で、小さい頃から丁寧にしつけ、時には怒っていた。

その子を見ているとかわいそうと思う時もあったが、厳しく育てられたお陰で偏差値の高い国立大学に入学・卒業した。

どんな育て方をすればよいのか、正解はないにしても子どもが目標をもって頑張るようになるなら、育て方は間違っていないと考えてもいいだろう。

東大の理科三類に四人の子どもを進学させた母親、自分が卒業したアメリカの有名大学に三人の子どもたちを入学・卒業させた母親は立派だ。

このような母親はどんな教育をしていたのか気になるところでもある。

III　私の父親の性格と子育て

親父を中心とした家族構成

子育てには人的関係、扶養関係、親子関係が影響するので私が子ども時代の家族関係を紹介する。私は父母に育てられるとともに、おばあちゃんにも育てられた。

私は兄弟三人の末っ子であり、姉、兄、私で、二歳ずつ離れていた。

私が小学校の頃までは専業農家であり、田畑は食料を生産するには十分だった。食べ物は魚・肉を買えば普通の食事ができ、小さい頃から空腹を感じたことはなかった。

父母は一日中農作業で時間を取られ、母は朝食、昼食を準備し、朝に子どもたちの弁当を作ることで時間を取られ、子どもの面倒を見る時間はなかった。

ただ、夕食後は家族の団らんの時間を持てた。

父母とも子どもの教育は学校任せであり、学校からの呼び出し、教師の家庭訪問の時以外は子どもの成績や学校での態度などを知ることはなかった。

大きくなってから母が言うには、小学校の高学年の頃、学校の先生との面談でよく言われていたことがある。実家は福島県寄りで仙南地区であり、仙台には一時間程度の電車通学になるが、仙台の中学校に入れたらどうかと言われていたようだ。担任の先生が意図することを容易に理解できなかったが、できれば仙台の高校を卒業し、仙台にある東北大学などを目指すことも可能ということだった。

昭和二年生まれの親父

私の父親は昭和二年生まれ、母親は昭和六年生まれである。

農家の長男として生まれ、一姫三太郎だから、親父には二人の弟がいた。三人目の男の子が生まれた時に母親は亡くなった。そのため、三男の面倒は長男がみることになり、小学校の頃は赤ん坊を背負って通学していたと聞いている。昔も今も赤ん坊は泣くことが仕事のようなものだから、授業中に泣き出すと教室の外に行けと言われ、まともに授業を受けられないこともあったようだ。長女はその頃何をしていたのかわからないが、私が物心ついた頃には近くの町のお嫁さんになっていて、三男は高校を中退して東京で生活していた。そのため、長男家族と次男が同居していて、次男が結婚して子どもが生まれた頃には近くの畑の一部を使って新居を構えた。職業は父親が農家を継いで次男は大工を生業にして休みの日は分けた田畑で汗を流していた。

また、田畑を分割する前は兄弟二人で畑を田んぼにするために一輪車とツルハシとスコップを使って土方作業をしていた。私が幼稚園か小学校の一年生の頃である。

昭和三十年代のことで、高度成長期、減反政策もなかった頃である。田んぼを増やし米づくりで生活費を稼ごうと考えたのだろう。私が小学三年生の頃は米だけの売上が百万円くらいになり、夕食の時に一万円を親父から受け取ったことがある。ただし、その一万円は母親が私の貯金にすると言って取り上げた。

親父は子どもたちのために果物なども育てていた。

親父は農家の長男として私が中学生になる前までは専業農家として働いていた。主要な作物は米であり、減反政策が始まる前は米だけで百万円くらいの稼ぎがあった他に、麦を育てていた時期もあり、野菜は白菜、ほうれん草、キャベツ、ゴボウなど季節ごとに多くのものを栽培していた。ほとんどは我が家で消費するためであり、肉や魚があれば食卓が完成する。

親父は毎夕食には日本酒と鯨の刺身を好み、ごはんには生卵をかけて食べていた。

我が家には鶏小屋が二カ所あり、一つは鶏、もう一つは羽が鮮やかなチャボを飼っていたので何がなくても毎日生卵や卵焼きを食べることができた。鶏の世話はお婆さんが担当して、卵を買いに来る業者に売って小銭を貯めていた。その一部は孫たちのこづかいにもなった。

農家なら普通のことであるが、その他、梨、スモモ、リンゴを植え込んで子どもたちが自由に取って食べられるようになっていた。

私が高校生になった頃は杉の木が伐採され、新たに植林された向かいの小高い山にスイカを植え込み、私はそのスイカを食べるために大さじ一つを携えて丸ごと一つを食べ、お腹いっぱいで家に戻った記憶がある。

肉類は鶏がほとんどであり、ばあさんが鶏をさばき、母が鶏の肉と野菜を入れたカレーを作ってくれたことも多い。

鶏は何度か鶏小屋に侵入したイタチに殺された時もあった。イタチは鶏の首を噛みきり殺してしまう。こんな時はカレーライスになる。

成長した鶏を見るだけでなく、親父が五十羽くらいのひな鳥を仕入れてきて白熱電灯の中でヨチヨチの小鳥を育てていたから、鳥の成長を見ることもできた。

ひな鳥は毎年買ってきたから、鶏肉を食べることに困ることはなかった。

私の幼稚園時代

私の幼稚園時代は五歳から六歳の一年間だけである。私は三人兄弟の末っ子で姉も兄も小学校に上がる前の一年間は幼稚園に通った。

私の幼稚園時代は気が強い性格だけでなく、暴れん坊の一面もあった。喧嘩を多くしたわけではないが、ある時同級生を殴りその同級生と仲が良い別の同級生に殴られた記憶がある。

その同級生とは小学校に入った頃に仲間になり、中学校の時は同じバレーボール部で過ごした。

また、幼稚園の頃に母親と一緒に野菜の行商をしたことがある。行き先は二㎞程歩いた町である。覚えているのは町のお菓子屋さんと洋服屋さんであり、お菓子屋さんは母の同級生のようだった。その時の会話で母は学校に通っていた頃は記憶力が良かったようである。

母が生まれたのは白石市にある薬師寺であり、私の知る限り三人兄弟であり、長男は戦死していて母の兄は坊さんとして後を継いでいた。

いつも一緒に付いていったわけではないが二〜三回付いていった記憶がある。

これに対して私の息子は四歳から六歳までの三年間保育園に通い、年少、年中、年長を経験している。年少の時は一人っ子のため他の子どもと喧嘩する時の対応を知らないがためにいじめられた。何度いじめられたのか分からないが、母親の心配事の一つだった。

そのため母親は合気道の塾に通わせ、戦い方を身に付けさせたことで、年中、年長の時はいじめられなくなっていた。

私が幼稚園に送り届けたのは数回であり、いつもは母親が送り届けるか一人で通園していた。距離にして三百～四百mであり、息子の歩幅で歩いて五分か六分の距離である。息子は父親と一緒に通園することを楽しみにしており、私も親としての役目を果たしていると思うと何か気分のいい思いをしていた。

息子を幼稚園に連れていくといつも建物の外で複数の先生が待っていた。

私の勤務先はフレックスタイム制を導入しており、朝は十時に仕事を始めればよいから、保育園に送り届けることは時間的に何の問題もなかった。

私の親父の性格と子育て

五歳の頃は映画館に連れていってくれた

昭和三十年代は日本が高度成長期に入った頃であり、テレビがまだ普及していなかった頃、庶民の娯楽として映画が盛んだった。

親父が連れていってくれたのはチャンバラ映画であり自宅から十キロ程度の映画館にエンジン付きの自転車に乗せて連れていってくれた。映画のストーリーは覚えていないが歌舞伎役者の大川橋蔵（一九二九〜一九八四年）等の有名な役者が出演していた。当時の映画は白黒映画であり侍物が流行っていた時期である。

あの頃は今のようにコーラやポップコーンはなかったがビンの牛乳は売っていた。

一九五四年は私の誕生とともに『ゴジラ』の映画が生まれた。

小学校の低学年の頃、昭和三十年代は学校でもゴジラやモスラ、キングギドラなどが出ていた映画を見せてくれた。いつも午後だったが、楽しい催しだったことを覚えている。

小学校の高学年になった頃も映画は庶民の娯楽の一つとして盛んだった。

医者に行った帰りにはパンを買ってくれた

お腹が痛くて病院に行った時や予防接種の時など帰りにコッペパンを買って食べさせてくれた。当時は自宅で米や麦のご飯を食べることが多く、パンを食べることはなく、パン自体が珍しい食べ物だった。

小学二年生の頃に親戚の家で紅茶と食パンを食べた。その時、紅茶に入れる砂糖をパンに塗って食べたことがある。パンに何もつけないと味気のないものだった。今のようにサンドイッチもなければ菓子パンのような甘さがないものばかりだった。

もちろんショートケーキのような甘い食べ物もなかった。

これに対して昭和三十年代でも「バナナ」はあった。小学三年生の頃にバナナを一本四十円で買ったことがある。バナナも病院の見舞い品として使われていた時代であり、おやつの一つとして食べられるものではなかった。

小学校の帰り道に八百屋さんに寄ってこづかいを叩《はた》いて買ったものだから特別な味になっていた。あの時以来バナナを単品で買うことはなかった。当時のこづかいは一日十円であり、十円で買える菓子類ばかり買っていた。

串に挟んだ紙製の御幣の作り方を教えてくれた

正月に神様に供える御幣《ごへい》の作り方を教えてくれた。和紙を折ってハサミで切り込みを入れて折りたたむだけだが、小学一年生の頃は作り方がわからなかった。教えてもらうと意外に簡単なことだが、小学校でも教えてくれなかった。

十個くらい作って大晦日などにいくつかの神が宿ると考えられたものに供えた。

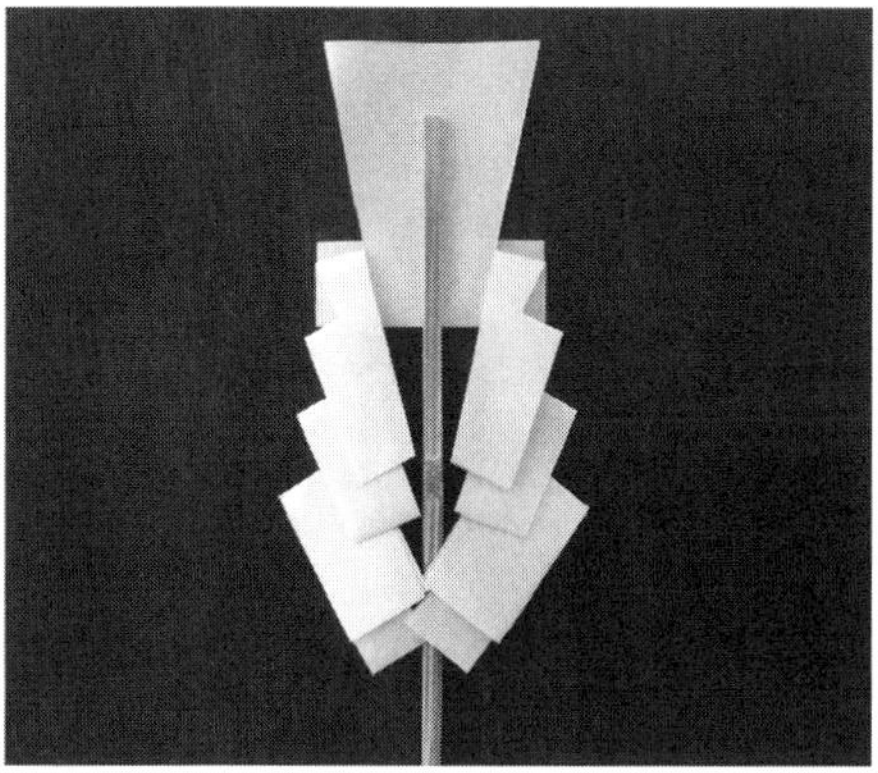

お祈りをささげる仏閣の他、日常生活でお世話になっていたもの、例えば「水の神」になる水道の蛇口、井戸などにも御幣を供えた。

親父に教えてもらったことは多くない。多くは親父の背中から学んだ。いつも朝から晩まで働いていた姿から自分も頑張ろうと思ったものである。

特に幼稚園か小学校の一年生の頃は親父と親父の弟が二人で汗をかきながらスコップで土を掘り、一輪車に載せて働く姿は子どもから見ても大変な重労働であり、家族のために一生懸命に働いていることに感謝の気持ちを抱いて見ていた。

親父は積極的に活動していた

我が家は集落の中心付近に位置しており、「中の家」と呼ぶ人もいた。

そんな親父は夜中に懐中電灯持参で近所の数人とともに、川からウナギを取ってきた。ウナギの本数はわずかであったが食べることができた。

また、集落に水道がなく、川から水を汲んでお風呂や炊事、洗濯などに使っていた頃、私が小学一年生の頃だったか確かな記憶はないが、率先して湧き水が出るところに貯水池を作り、各家庭に水道を引いた。水質は抜群の透明度と濁りがない、さわやかな水道水であり、喉が渇いた時は蛇口に口を持っていって飲んだものである。東京の親戚が来た時などに美味しい水であることがよく分かった。東京江戸川区に住んでいた親戚のおじさん、おばさんにはとてもおいしい水だったに違いない。なぜなら昭和四十年代の東京の水道は今のようにきれいにろ過する技術がなかった頃だから。

当然のことながら水を汲むことから解放され、生活が楽で便利になった。洗濯機に使う水も水道の水が使え、風呂場にも水道を引いていたから、お湯の温度調節も容易になった。

さらに集落の人と打ち合わせを重ね、米以外の収入源になる小梅を畑に植えた。我が家には畑地が多くあり四〜五カ所の畑を梅畑に変えたので、百本程度の梅の木があった。

梅の木は秋から冬にかけて枝の剪定をして、同時に消毒も必要であり、その後春を迎え六月中旬に収穫を迎える。維持するための作業は大変な労力を要するが、農家としての収入も多くなった。

親父は毎年、こんな作業を繰り返していたので、休む暇はなかった。

過酷な労働の日々であり、毎晩の晩酌、ニンニクをすりおろして鯨肉を食べ、アリナミンを欠かさず飲んでいた。働き者の親父の背中を毎日のように見ていた。

親父はきれい好きだった

服装のことではない。服装はキチンと洗濯された衣服を着ていた。農作業で汚れた服はその日のうちに洗濯に回していた。当然のことであるが、きれい好きとは、身の回りをキチンとしておくこと。汚いところは自ら掃除していた他、子どもたちにも自分の部屋を掃除しておきなさい、庭を掃除しなさいとよく言っていた。

だから、兄弟三人とも比較的きれい好きな子どもとして育っていて、私の兄は学生服を毎日帰宅後にハンガーにかけて、しわにならないように気を付け、姉も同様に高校時代は学生服を丁寧に扱っていた。そんな兄姉のしぐさを私もまねて生活していた。

結局、几帳面できれい好きの父親の良いところを見て育った。

子どもは言われないまでも、親の行動を見て育つ。

白いズックが汚れれば自分で洗剤を付けて洗い、小学生の頃は黒い長靴に革靴に使う黒いクリームを付けてブラシを使って磨いていたこともある。あれは意味のない行動だったと思うが、黒い長靴が少し灰色になっていたことを気にかけていた。

子どもは親を見て育つというが、親はひとつの教材だったと思う。

散髪屋さんのかわりに坊主頭にしてくれた

小学校の低学年まで私は坊主頭だった。散髪屋さんに行くことで発生する出費の節約にもなっていた。親父が定期的に肩に布を掛け、バリカンで私の頭と兄の頭をきれいにしてくれた。

もちろん電動バリカンがなかった時代だから手を使ったバリカンである。

これも親父がきれい好きの性格のためだったかもしれない。

当時（昭和三十五年頃）は坊主頭が多く、学校に行くと男の子の半数は坊主頭だった。散髪屋さんに行っても坊主頭で帰ってくる子どもが多かった。

坊主頭になると夏は涼しいから良かったが、冬はやはり頭が冷え冷えとして寒さが身に染みた。坊主頭になると「ハゲ」てる奴もいたが、幸い私と兄に「ハゲ」はなかった。

私が十歳になった頃から散髪屋さんに通うようになり、刈り上げスタイルになった。

親父は刺繍を施した箒《ほうき》づくりがうまかった

農家の冬場は農閑期であり、生活時間の中で縄を編むことや、農機具の修理などをした。

そんな中で、親父はうちの中で使う箒も作っていた。保有する土地の一角では箒草を育てていて、その草を乾燥させて箒の材料とし、所有する山林の一部で育っている竹を採ってきて材料をそろえた。箒の柄の部分は焚火であぶって茶色の模様をつける。材料にカラフルで太めの刺繍用糸を買ってきて、箒づくりを始める。糸の色は四〜五色。

出来上がりは見事にカラフル。箒草の茎を折り曲げ、ひとつひとつ丁寧に糸で編み上げていく。とても根気がいる仕事である。

出来上がった自慢の箒は自宅で使うとともに、近所にもプレゼントしたが、時には箒のかわりに一杯飲ませてもらうこともあった。

江戸川区に住んでいる母の兄が訪ねてきた時も、帰りに作った室内用の箒を土産品として渡していた。一冬に作る箒の数は三〜四本だった。

もう一つ、外で使う箒も作っていた。これは自宅用であり、材料は竹と針金。

電気掃除機がそれほど普及していなかった昭和四十年代、親父が作る箒を使い、家の中では畳のゴミを払い、庭では竹製箒が活躍していた。勿論、親父に庭をきれいにしなさいと言われ、掃除をさせられたこともある。

小学校から教室の掃除をさせられる日本だが、その時に使うのは工業製品としての箒であり、タワシの材料である棕櫚《しゅろ》の繊維である。もし我が家で使っている室内用の箒を板間の教室で使ったら瞬く間にすり減り、不経済なものになる。

親父が私に伝えた生き方に関すること

高校二年生の頃、「学校の勉強ができても道徳を忘れてはダメだ」。具体的なことは忘れたが、人の生き方としていけないことをした時に言われた。

親父はいつも一生懸命に働いて、生真面目な性格であり、道徳に反するようなことはしなかった。もう一つ言われたことは、東京の大学に進学する頃になって、「何があるかわからないから少なくとも一万円をいつも持っていなさい」。生活していく上での親父の助言である。

当時、私の解釈として、移動のための交通費、お腹が空いて食べることが必要になった時は一万円くらい必要になるだろう。親父の助言を直に受け入れて学生時代は外出する時に一万円以上を財布に入れていた。また、社会人になってからは少なくても三万円、四十代以降は最低五万円以上のお金を財布に入れていた。四十代以降は会社の部下に昼食をおごったり退社時に飲みに行った時などに使うものである。私は気前が良い方で、地方事務所にいた頃は職員・バイトを連れて飲食店に行って大判振る舞いをした。これは、他の同僚よりも可処分所得が多かっただけではなく、小さい頃に母親に言われた「自分が食べたい時は他の人も食べたいからそんな時は一人で食べないで分けてあげなさい」という言葉を覚えていたからである。

大学入試の時は神社でお祈りをしていた

宮城の田舎で昭和二年に生まれ、当時の尋常小学校でしか勉強していない父の子が大学入学試験を受けている。時代が変わり、子どもたちは高校、大学に行くようになった。

私は小学校、中学校と卒業生代表としてあいさつをした。

高校の時は、受験を理由に卒業式はキャンセルした。一浪していくつかの大学を受けた。

滑り止めは公立大学の経済、本命は東京都立大学の工学部。

本命で受験したのは土木工学科であり、試験の時は渋谷の旅館で、東京大学、東京工業大学を受験する人達との相部屋であり、三月三日から五日の三日間が試験日だった。

滑り止めの大学の発表もまだだったが、気楽に受験に臨んだ。

試験科目は七科目であり、そのうち、化学や世界史は得意科目であり、スラスラ回答でき、余分な時間はその他の科目の回答にあてたが難解な問題はなかった。

三月下旬に合格発表になり、目黒区の東京都立大学に行って合格を確認し、大学寮に入ること、特別奨学金（月額一万二千円）を受けること、その手続きをして我が家に帰った。

その頃母に聞いた。

父さんは近くの神様に合格するようにと、お祈りしていたと。

私の母親の子育て

私の母親は幼児期から小学生の頃までいろいろと教えてくれ、また教育してくれた。

父親が必要な時に力になってくれたことと異なり、毎日の生活の面倒を見てくれていた。

母親と言えば子どもたちの食事の世話になるが、リンゴの皮を剥く時は、リンゴを四等分にしてウサギの耳に見えるようにして食べさせてくれた。また、昭和四十年代になるが白いコメのご飯に卵焼きの細切り、キュウリの短冊、そぼろ、ハムの細切りなどをちりばめてチラシ寿司をよく作ってくれた。

料理にもいろいろと工夫があり、農家の食事だが、おいしいものをいろいろと作ってくれた。

そんな料理の手ほどきをしてくれていたのが、母の兄嫁である。兄嫁のうちは薬師寺であり、バスで一時間ほどの距離があったが、幼少の頃は何度か行ったことがある。あの兄嫁は嫁ぐ前は誰か知らないが「大臣」のお宅で料理を作っていたと聞いている。その子どもであるいとこも調理場でフライパンを使ってご飯にマヨネーズを入れて、簡単な食事を作ってくれたことがある。

また、その二つ上の長男は高校を卒業すると国鉄の職員になれた。これも兄嫁のコネを使ったのだとあの頃感じていた。

食べる時の箸の持ち方、うちの中の掃除の仕方、他の人への挨拶の仕方、その他やってはいけないことなど、基本的な生活ルールを子どもたちに教えていた。

子どもたちへの基本的なしつけは母親の役割だった。子どもたちがいけないことをした時、母は叱るより諭すことが多かった。

私が幼稚園に通う前に家で飼っていたウサギの子どもを細い木の棒でたたき殺したことがある。あの時は誰かに叱られ「むしゃくしゃ」していた時で、感情のコントロールができなくなっていた。また、私の兄と兄弟喧嘩をした時などは叱るのではなく悪いことだからと怒りの気持ちを鎮めるような言い方をした。もちろん父親も含めて殴られたことは一度もない。

私に足し算、引き算を教えてくれたのは幼稚園に通う前であり、小学校を卒業する時、全校生徒の前で読む答辞の文章作成を手伝ってくれたことがある。あの時は私一人ではなく、二〜三人の卒業生が答辞を担当した。

母親の子育ては毎日のようになされるのに対して父親の子育てはたまになされる、そんな違いを感じている。

Ⅳ　成長段階別　私の子育て

我が家の家族構成

我が家は核家族であり、子どもは一人。

「男性は外で働き、女性は家庭を守る」という典型的な生活である。

平日の私は家庭のことを一切手伝うことはなく、特に若い頃は深夜帰宅。

妻は専業主婦であり、朝に私と息子の食事を作り、夕飯は息子の食事を作る。

一時的に外でアルバイトをすることもあったが、家計は私の稼ぎで成り立っていた。

自宅から車で三十分程度の所に妻の実家があり、息子が小さい頃はよく爺さん、婆さんと一緒に食事をしていたようである。

子どもの出産の時や妻が病院に入院した時などにはかなり世話になった。

特に妻が病院に入院していた時は保育園を休んで爺さん、婆さんの家で面倒を見てもらった。息子が年少さんの頃だった。夜中に息子が母さんに会いたいと言うので、夜の七時頃、車で病院まで送ってもらい、また、爺さん宅に息子を戻した。

私が幼い頃と同じように息子にとっての祖父母は孫育てに積極的に参加していた。

年寄り二人だけの生活に孫の存在はひとつの生きがいになっていたかもしれない。

我が家の夫婦関係

比較的冷めた関係と言える。互いにべたべたした関係ではない。

子育ては、乳児期は母親任せ、二歳くらいから子育てに参加し始めている。

息子が物心ついた頃、それほど妻と仲が良かったわけではないが、一生懸命働くことで家計を楽なものにしていたので妻は問題なく子育てに専念できた。子どもの教育に関して色々なことを試みることができたので、息子ものびのびと生活を楽しんでいた。

妻の誕生日にはいろいろとプレゼントしていた。こづかいに余裕があった時は五万円のダイヤのネックレス、アメリカ・カナダへの研修旅行に行った頃は純度99・99%の金貨、その他毎年きれいなハンカチのセットなど。

父と母が喧嘩せず平和に暮らしていれば、子どもは安心して生活でき、好きなことに没頭できる。幼少期の家庭環境が良ければ、良い子に育ち、大人になって社会をうまく泳ぎ出世もすると言われている。夫婦喧嘩をしたことはあるが一度きりでほぼ平和な我が家だった。

我が家は子どもの意志に任せ、好きなことをやらせ、子どもがヘルプを出せば助ける、自由放任主義に近い育て方をした。

子どもが良い大人になるためには、夫婦が良い大人の見本として生活していること、そんな環境も子育てには必要と考えている。

私の仕事は調査研究

大学を一九八一年に卒業して社団法人の一つの組織である「総合研究所」に入社した。仕事のほとんどは国や県、政令指定都市などからの受託業務を請け負う会社である。当時は出勤簿がなく、出社、退社の時刻記録はなく、さらにフレックスタイム制を導入しており朝は十時までに出社すればよかった。

仕事をこなして目標とされる利益を上げればよいだけの自由な職場だった。

入社一年目は都市内デュアルモードバスや都市間デュアルモードトラックを導入した場合の需要予測、採算性の検討。次に政令指定都市の十五年後の姿（人口、住宅、産業、財政など）をコンピュータでシミュレーションによって予測する仕事。これらはすべてFortranによるプログラミング作業であり、仕事経験のない私は徹夜の連続だった。

なおデュアルとは二重の、双対の、二元的な、などの意味を持つ言葉である。

デュアルモードバスとは、一般道路を走行しているバスが、軌道上（自動運転）も走行するバスのこと。

デュアルモードトラックとは、一般道路と高速道路に敷設された軌道上（自動運転）を走行するトラックである。

軌道上は無人運転であるから、二〇二四年問題となっている運転手不足にも貢献する。

高校は工業高校の建築科であり、フランスのコルビジェの巨大建築物構想に感化され、大学では都市計画を勉強して、都市問題を解決するような仕事をしようと考えていたが、入社当時はそのような部門がなく、交通計画に関する調査、交通計画の評価、交通政策などを担当した。

入社二年目は地方事務所に転勤になり、国・県が共同で実施する大規模な交通実態調査とその解析結果から将来の広域交通計画を評価する業務を担当することになった。当初は二～三年で本社に戻る予定だったが、二十年ほど地方で働くことになり、所長を経験して東京に部長として戻った。その後、また地方に戻ってのんびりと業務をこなしていた。

道路網計画の評価、公共交通計画の評価などが主な業務であったが、その業務遂行に当たっては新たな評価システムの開発を行った。

それを複数の都市の受託業務につなげることで、目標額を達成した。

地方事務所に転勤した頃は、修士論文の延長のような作業で、鉄道駅周辺に集中する自転車の駐車需要予測の開発。大規模調査である人の移動の調査結果を活用し、バス路線を予測するシステムの作成、さらには、道路整備の優先度を決定するための評価システムの作成などを手掛けた。その他、アンケート調査の企画、調査の実施、回答結果の集計・分析のプログラム作りや各種シミュレーションのプログラム作り、公共交通計画や道路計画を経済面から評価する産業連関表を活用した評価手法などのプログラミングなど多くのプログラム作りを経験した。

振り返ってみると、仕事により家族を支えるだけの報酬は受け取れたが、若い時に思った仕事ではなかった。コルビジェが構想した建物は高さ一千mの巨大な建造物であり、その中には住居、商業施設、飲食店、いくつかの職場、病院、文化施設などが揃っている。正に都市を構成する施設が多く含まれている。日本の都市は郊外に商業施設や住宅施設が拡散した結果、都市としてのまとまりがなくなり、輸送効率が悪く、公共施設などの運営効率が悪く、さらに交通公害が発生するなどの状況が生まれている。

そのため国土交通省は各種公共施設などを比較的まとまった地区に配置し、効率の良い街づくりとして、コンパクトシティ化を進めている。

コンパクトシティとは、住まい・交通・公共サービス・商業施設などの生活機能をコンパクトに集約し、効率化した都市のこと。基本的には脱車社会を目指して、公共交通機関または徒歩で移動できる範囲に都市機能をまとめる。

これに情報施設などを強化・整備するトヨタの構想「ウーブン・シティ（Woven City）」もある。都市問題を解決し、新たな都市の在り方、デザインを設計することが本来やりたかった仕事だったが、それがかなわない社員生活を送った。

子どもの未来はどんな変化が起こるかわからないが、好きなことをして働いてほしい。もう一つ言うならば、人とのめぐり逢わせが良くなかった。

会社に就職した時、馬が合う人と合わない人が出てくる。好き嫌いが生まれる。配属された部屋の研究員は私から見ると、上司として好ましい人物ではなかった。この人から何を学べるのだろうかと考えた。計算機のプログラミングの知識があった私は、電卓で一日かけてフレーター法をやっている人を上司と思いたくなかった。

フレーター法を知っているだけマシだが、仕事の量は他の研究員の半分以下。月給泥棒に近い存在だった。

強いて言えば世渡りがうまいとでも言うのだろうか。

半年後、一緒にやっていた仕事を辞めて、プログラミングができる職員を探していた別の研究員と仕事をするようになった。
※フレーター法とは分布交通量を予測する手法の一つ。将来の分布交通量が、現在の

分布交通量に比例すると仮定し、集中・集中交通量の成長率などを考慮して補正して推計する。

その他、集中交通量の代わりに市街地の用途地域別面積を設定し、市内地区別の計測値を入力して、市内地区別の確からしい面積を推計する場合などにも活用できる。

会社を辞める理由として会社の人間関係が三五％で第一位という調査結果がある。他の辞める理由ランキングでも「肉体的、精神的に健康を損ねた」、「労働時間・休日・休暇の条件がよくなかった」に次いで「人間関係がよくなかった」が挙げられている。

私の場合も半分いじめともとれる言葉が何度かあったため、一度五十五歳で退職した。

しかし、その後、社長から特別な契約社員として戻ってくれないかという話があり、その後四年間会社に残って二度目の退職を迎えた。

幼児期・保育園

沖縄旅行

三歳の時の沖縄旅行では他の子どもとはしゃぎまわっていた時にトゲのあるサボテンを掴んでしまい、大泣きをした。手の平にサボテンのトゲが刺されば泣くしかない。大人の私も痛いと声を上げるだろう。沖縄の鍾乳洞として有名な玉泉洞の他、ハブとマングースの戦いも見た。旅行中は肩車で観光拠点を回り、海岸沿いの所ではカメラを渡して自由に撮ってみなさいと言ったところ、まともな風景写真になっていたことに息子のセンスに感心した。また、沖縄本島の北側に位置する「美ら海水族館」では多くの魚を見た。沖縄旅行のお土産は、旅行のコースの中で食べさせてもらった甘いパイナップルだった。

韓国釜山旅行

韓国の釜山は二度目だった。一度目は結婚した年の冬だった。

一九八八年のソウルオリンピックの年であり、船から降りて入国審査の時は厳重なもの。なぜか三十分かかった。警備員たちが私のパスポートを見て何か相談していたが、誰がチームの長なのかわからず、ただ「早くしてくれ」と思うばかりだった。

二度目の入国に対して不信感を持たれ、陸上をバスで観光する時は警察官らしき人間が同行していた。観光バスの一番前の座席を占領していた。

私が何かしでかすかもしれないからバスを降りて歩いている時はずっと見張られていた。

船上では息子がフィリピンの若い子たちにかわいがられ、とても楽しそうだった。親から離れての単独行動だ。船内には料理人として香港人、音楽関係はフィリピン人のバンドが多数乗船していた。フィリピンの若い女性からお菓子などを貰ってうれしそうな息子だった。船舶のオーナーはイギリス人であり、香港人を料理人として雇うことに納得感があった。釜山に上陸して観光したのが大きな山のような墳墓であり、遺跡の中には金のアクセサリーなどもあった。

また、住民の中には愛知県出身者もいて、消防隊員をしていた中年の男性とも話した。

シンガポール旅行

シンガポールではほとんどシティホール駅付近で過ごしたが、息子は北部にある動物園でコアラを抱いた写真を撮ってもらった。

また、シンガポールのマーライオンとして母親だけを見たが、後になって旅行した時にはセントーサ島にお父さん、お母さんの後ろに小さなマーライオンがいることを知った。ただし、お父さんマーライオンは二〇一九年に撤去されている。他にも痩せたマーライオンなど数体いる。

動物園の他はシティホール駅付近の商業施設やオーチャード駅付近にある「そごう」などの商業施設巡りで土産品などの買い物をした。

シンガポールのMRTのシステムづくりに日本のトヨタ系列の企業も参加している。

私が初めて行ったのは一九八九年であり、息子を翌年（一九九〇年）に連れていっている。

これまで四回見てきたが、上海の都市内鉄道網のようにかなり密なネットワークになってきている。また、マリーナベイに位置するウェスティン・シンガポールに二回宿泊し、四回目はマリーナベイサンズに泊まり、屋上のプールに行きたかったが叶わず、お上りさんとしてプールなどを眺めてきた。

マリーナベイサンズの一階には日本でも議論になっているカジノ遊びができる施設の他にもたくさんの商業施設が並んでいて、歩いているだけでも楽しくなる。

保育園に連れていった

いつもは母親と通園していたが、私がバスで最寄り駅まで行く時は、息子を保育園まで送り届け、その後バス停まで歩くルートで通勤していた。いつもはミニバイクで最寄りの駅まで行って電車に乗るが、バイクの調子が悪かった時などは最寄りのバス停経由で通勤していた。

自宅から保育園までは十分以内の距離であり、息子と会話をする時間は少ないが、手をつないでいるとなぜか子どもも安心して歩いていた。

息子との会話といっても、「昨日は何して遊んだ」「今日は何して遊ぶ」程度のことであり、六歳の子どもと何を話したらいいのか、正直分からないというのが本心である。

「プラモデル作りは楽しいか」「何か欲しいものはないか」など、生活していく上で困っていることなどを聞いてもよいが、私は深夜帰宅が多く普段会話をしていないので質問も軽い。

息子を保育園まで送り届ける回数は少なく、数えるほどであった。

あれは保育園の年長の頃（六歳）であり、息子一人でも歩いて行けるようになっていた。

私の会社はフレックスタイム制であり、朝は時間的余裕があったから、保育園に一緒に行くことは時間的に問題なかった。数少ない父親としての一つの役割だった。

小学生の頃

自転車に乗れるように

今思い出すと自転車の乗り方を教え、一緒に遠出したことがある。

息子が小学一年生の頃、それまで母親が教えていたが、まだ乗れない状態だった。

私が自転車を覚えたのは少し緩い坂道を下るだけであり、バランスをとるだけで乗れるようになった。自転車は動いていれば、または走っていれば問題ないので、息子に教えた時は平たんな道路で、「とにかくペダルを漕げ」と言った。自転車の車体は前方に強い力が働いていれば左右のブレは少なくなり、乗っていて転ぶ確率が低くなるから、「とにかくペダルを漕げ」と言っていた。簡単な物理的発想である。

もちろん助走が必要なので私が後ろから走りながら押して、途中から手を放した。

約三十分程度の練習で息子は乗れるようになった。

帰宅して「乗れるようになった」と母親に元気に報告していたことを覚えている。

父としての役割が果たせたことに私自身も満足した。

その後、数日した休日には息子と二人で二十キロ程度のルートを自転車で出かけた。平坦ではなく、上り坂、下り坂の多い行程である。

目的地である犬山の観光拠点のイルカ池に行った。

私が暇つぶしによくバイクに乗って行っていた観光拠点であり、池の近くには飲食店や土産物の店もあった。

イルカ池に行くまで二カ所のきつい上り坂があり、バイクなら問題ないが自転車は親の私でもちょっときつい。

イルカ池の上では貸し出しているボートで男女のペアがゆっくり移動している。飲食店の中ではお客が味噌おでんやラーメンを食べている。中にはビールを飲んでいる人もいる。

その帰り道、上り坂では涙を流しながらついてきた。小学生の体力ではきつかったに違いないが、こんな経験をしたことで、その後は学校から帰ると友達と自転車であちこちに遊びに行っていた。ある時「アメリカザリガニ」を側溝から取り出し、持ち帰ったことがある。

アメリカザリガニは水量の多い川だけでなく、水がチョロチョロ流れているだけの側溝にも住んでいて、何とも生命力のある生き物である。

私も小学生の頃に道路と並行して流れている小川に入って、ザリガニを捕まえて家に持ち帰ったことがある。ただし、ザリガニを食べたことはない。

チョロキューのレース参加に付きあう

息子が十歳の頃、朝七時頃に息子と二人で家を出て、電車で約二十分、名古屋市内のデパートの屋上で開催しているチョロキューの大会に参加した。会場には多くの子どもたちが集まっていた。ゼンマイで動くチョロキューは一人息子が自宅で遊べるおもちゃだった。何個か持っていて、暇つぶしに一人で家のリビングで練習していた。

レースは何回か実施されていて、一回に数台のチョロキューが参加し競い合っていた。小学生、中学生の子どもたちは、みんな真剣な表情で車の動きを見ていた。チョロキューはゼンマイで動くだけで、スタートさせたら後はレースの順位を見守るだけの戦いだから簡単なものである。

息子の出番になったがあっけなく惨敗して帰宅した。ゼンマイに良いもの、悪いものまたは弱いものがあるかどうかわからないが、息子のチョロキューは弱かった。

一人で遊ぶのではなく、友達と情報交換しながら遊んでいたら、もう少しレースに強くなっていたかもしれない。

息子は顔には出さなかったが、残念だったに違いない。

夏のオーストラリア旅行（小学三年生）

日本の正月はオーストラリアでは南半球にあるから「夏」になる。

日本は冬なのでセーターを着こんで搭乗したため、オーストラリアの空港に到着した時はすごく暑い状態になり、すぐさま半袖に着替えたことを覚えている。

オーストラリアは日本人がよく選択するシドニーとゴールドコーストのツアーに参加した。

シドニーでは散歩しながら有名なオペラハウスを見てきた。建物近くから見ただけであり、その付近の店で土産物を買った。

オーストラリアと言えばカンガルーやコアラの他、大きくカラフルな鳥たちを見た。

また、ブルーマウンテンズ国立公園ではさわやかな香り漂うユーカリの森、不思議な形の奇岩群を見学した。ユーカリの葉は油分が多く山火事の原因になることを親子で学んだ。

あの時は有名な奇岩「スリー・シスターズ」を斜行エレベータから見た。

斜行エレベータの乗車時間は短かったが、高いところから下りていって眺めた景色は何とも言えない大自然の穏やかさだった。

また、三〇度を超える気温の中で水上サーカスなども楽しんだ。

ハワイ・オアフ島旅行（小学五年生）

私と妻にとっては二度目のハワイの時には小五の息子が一緒だった。サンセットクルーズ（ターオブホノルル号）に参加した時は息子と三人で記念写真を撮り、カメハメハ大王の像の前で写真を撮った。

また、息子と二人で、観光用ボートで一時間十ドル、片道三十分の乗船を楽しんだが、息子は船酔いに遭い、顔が青ざめていた。あの時は、船員に「He is sea sick」と伝えたら息子に飲み物を渡してくれた。私も小学生の頃はバス酔いすることが多かった。

遺伝ではないと思うが三半規管の働きが不完全の年頃だった。

私は旅の思い出の一つとして後にげっそり顔の写真を息子に見せた。

オアフ島の東側の渓谷がある地区は『ジュラシック・パーク』などの映画のロケ地になっていて、観光名所にもなっている。親子でヘリに乗って一時間弱の遊覧を楽しんだ時にパイロットのおじさんが教えてくれた。空から見る風景は島の骨格がわかるため格別な眺めだった。

また、簡単なスポーツができる場所があってバギーに乗ってコースを一周することができて多少楽しむことができた。

オアフ島には私と妻はその後も含めて六回ほど行ったが、欠かさず参加するのがＢ級グルメコースのツアーであり、あの時も息子を含めて参加した。二〜三回の食事の他、コース内にはいくつかのショッピングを楽しめるようになっていて、ナッツ類を買うことができるショップや、宝石などを買えるショップもあった。宝石店では私は黒石のタイピンを買った。

観光地では常に添乗員が稼げるようになっていて、客を連れていくことによって、添乗員も収入をアップできる、よくある業界のパターンだ。

ハワイのオアフ島のカメハメハ大王の像は複製であり、本物はカメハメハ大王の生まれ故郷のハワイ島にある。カメハメハ一世（Kamehameha I、一七五八－一八一九、生年は諸説あり）は、ハワイ諸島を初めて統一して一八一〇年にハワイ王国を建国し、初代国王となった人物である。

旅費を抑えるためにＡＢＣストアーでパン、ミルク、果物などを買い込んで、翌日の朝食はホテルのベランダで済ませた。しっかり節約も忘れない家族旅行にした。

その時、母親と息子の朝食中の写真を撮り、思い出写真集に加えた。

小学五年生からパソコンを勉強する

私の仕事は国・県などの自治体を対象にした建設コンサルタントであり、大学でデータ分析の基礎を学び、仕事でも中型計算機やパソコンを利用して仕事をしていたので、自宅にもＩＢＭのパソコンを購入し、データ集計などに利用していた。

ＩＢＭのパソコンにしたのは、私が入社した時に会社で使っていたのが「シリーズ1」という一千万円の小型計算機だったことも影響している。ただし、当時の小型計算機のメモリーは小さいため、Fortranでプログラムを組む時はCommon文を多用していた。また、都市モデルをFortranのプログラムで動かしていた時は、同じ建物内にあったグループ会社の富士通の中型計算機なども使っていた。

息子が小学五年生になった頃、妻が言っていた。「学校ではゲームの四天王と言われているようだよ」と。パソコンに興味があるなら自由に使わせてみよう。パソコンを買った時に息子には基本的な操作方法を伝えた。子どもならパソコンに興味を持つのは当然のこと。自宅にパソコンがあること、自由に使えることを自慢していたかもしれない。

私の帰宅時刻は深夜、息子が帰宅する午後三時頃から十一時頃まで、息子が自由に使うことができた。息子はパソコンを利用するために一生懸命に勉強し、昼間にプレステのゲーム攻略法の本を読み、中学一年生から二年生にかけてホームページの作り方をマスターし、夜な夜なプレステゲームの攻略法に関する情報発信を繰り返す毎日だった。私が帰宅すると息子はパソコンにかじりついていたので、「早く寝なさい」と言うことが多かった。

私ができなかったホームページの作り方をマスターし、中学校の授業でホームページの作り方を先生の代わりに男子生徒対象に教えていたと妻から聞いたことがある。「Windows 95」が出た数年後のことであり、学校の先生でもホームページに関するプログラミングを十分にマスターできていなかったのだろう。

テレビで土曜日の夜に『サンドウィッチマン&芦田愛菜の博士ちゃん』を見ていて思う。小学生・中学生の頃は自分の興味ある事をどんどん覚えてしまう時期でもある。書店に行ってパソコン関係の月刊誌などを買って勉強していたようだ。

私が、ＩＢＭのホームページビルダーを渡したが一切使わずにプログラムを作りカラフルな画面にしていた。このパソコンを使用できる機会を作ってあげたことが息子の現在の職業につながっており、子育ての中で最も良かったことである。息子は三十代後半の年齢になったが今でもシステムエンジニアとして活動している。息子の嫁さんが言うには「この業界ではちょっと有名ですよ」とのこと。

一度転職した会社にサイバーエージェントがあり、一時四百名の技術者の指導と管理を任されていた。現在は二度目の転職をして別の会社でシステムエンジニアとして活躍している。

ハワイ・オアフ島旅行（大学生）

小学生の時の旅行と同じように、カメハメハ大王の像の前で写真を撮った。小学生の時と同じ場所で写真を撮り、比較して息子の成長を眺めている。

私は旅の思い出写真の一つとして後に息子に見せた。

Ｂ級グルメコースに参加した時、ガイドのお姉さんが教えてくれた。

ＣＭでおなじみのある木を見るためにモアナルア・ガーデンパークに立ち寄る予定だったが、入園できなかった。現地のガイドさんは民間人の土地であり今日は休園と説明していた。

大学生

小学生

しかし。その何年か後に私と妻がオアフ島に行った時は入園できたので、木の刺繍が入った緑のTシャツを買ってきて、息子に土産品として渡した。

この時のガイドさんは沖縄生まれの「ダン」さん。長いことオアフ島でガイドをしていた方である。年齢は七十代のご老人である。

昼間は、海辺の近くの草原地区を息子と妻は散歩し、のんびりとした時間を楽しんでいた。

夜はポリネシア・カルチャー・センターで太平洋諸島の伝統的な風習や文化を肌で感じ、迫力のある歌とダンスで心を揺さぶるショーを満喫した。キン肉マンのようなダンサー達が、火がついている棒を振り回している踊りは私にも初めての光景だった。

入園・ナイトショウの費用は現在一二〇ドルであるが、あの頃はもう少し安かったと思う。

高山で串焼きの牛肉を食べた

名古屋を拠点として働いていて東海三県を対象にしたある一日の人の動きの調査（パーソントリップ調査）を担当していたので、中部地方建設局（現在は整備局）、愛知県、岐阜県、三重県、名古屋市の都市計画関係担当者は顧客だった。

その中の岐阜県の担当者から飛騨地域の土木事務所に勤務していた頃に連絡があり、飛騨地域の調査を担当することになった。その時は家族三人で高山市内の旅館に泊まり、町を散策した。目に留まったのが牛肉の串焼きだった。

一本五百円くらいだったが、家族それぞれ一本食べた。息子は食べ盛りのため、二本渡した。

普段の食事で牛肉を食べたことがほとんどなかったので、息子の喜びようは、それは幸せを感じている笑顔だった。

また、別の日であるが、下呂温泉の南側にニジマス釣りを楽しめる場所があったので、車で行って、渓流で釣りを楽しんだ。渓流と言っても川に池のような場所を三カ所程作り、そこにバケツでニジマスを放流し、釣り客が竹竿と餌になるイクラを買って釣りをするものである。針にイクラをつけて川に投げ込むと簡単にニジマスが釣れた。息子にとっては初めての釣りだったと思う。簡単すぎて面白みに欠けるが家族で釣りを楽しんだ。

中学生の頃

小樽市旅行

札幌市の公共交通関係の調査を請け負っていた頃、親子で小樽市に旅行した。

小樽市は観光地としてガラス工芸、オルゴール、酒蔵などの土産品の店が並んでいる。

小樽港にはいくつかの船舶が停泊していて、当時はロシアの船員が港付近を歩いていたことを記憶している。また、北側の積丹半島を歩いていると、黒くとげのあるウニが見える。

ウニを見るためにウニを観察できる船舶に乗り、船の中から親子でウニを観察した。

その数はものすごく、手を伸ばして取りたいが漁業権があるから取ることはできない。親子で小樽市街地の店を散策しながらゆったりとした時間を過ごした。昭和を代表する大スター石原裕次郎さん。一九三四年兵庫県神戸市に生まれた裕次郎さんは、三歳から九歳にかけて北海道小樽市で過ごしていたとのこと。旅行で立ち寄った「石原裕次郎記念館」は入場者の減少や建物の老朽化のため二〇一七年に閉館している。

麻雀を教えた

私は毎年、年末に大学生時代の麻雀仲間と温泉地で一泊二日の旅行を楽しんでいる。学生時代は土曜日の夜に自由が丘の雀荘に五人が集合して二抜け（二番目になった人が抜ける）ルールでゲームをする。あの頃は徹マンをして日曜日の昼頃に解散することが多かった。

その雀荘では当時有名だった女優（千葉大学の理学部生物学科を中退）も男性三人とともに遊びに来ていたことがあった。名前は萩尾みどり、私と年は同じ。あの頃は雀荘を経営している小母さんが深夜に食べるおにぎりを毎回準備してくれた。大学卒業後は毎年温泉地に集まって麻雀を楽しんでいる。

最近は箱根湯本のホテルで実施することが多いが、過去には熱海のニューアカオホテルで十回程度、山梨県、愛知県の温泉地に集まったこともある。

私の家族（妻と息子）を私の仕事関係の観光地などに連れていくことがある。愛知県に住んでいた頃、札幌市の仕事の時は小樽、九州大学で論文発表（発表は海洋大学の教授）の時は博多市や、北九州市に二〇一七年まであったスペースワールド、伊勢志摩の観光関係の調査の時は伊勢市、奈良県の駐車場関係の仕事の時は奈良市内で四国の魚料理が食べられる店、さらに上海の仕事の時は上海市などにも連れていった。息子に麻雀を教えたのは熱海か箱根か忘れたが、ゲーム好きの息子だったので、年一回の麻雀旅行に連れていった。長年やっている我々とは勝負にならないが、物覚えの良い息子も健闘した。

福島県飯坂温泉

宮城の姉の所を訪問した時である。姉夫婦はよくドライブに誘い、その流れで飯坂温泉に行った時のこと。息子はビール瓶二本空けて、平気な顔をしていた。

ビールは三歳の頃から味を知っていたので、私自身驚くことはなかった。息子が幼児の頃はたまに味見をさせていただけで量は微量の範囲。

私自身も幼児期にたまに「おちょこ」で二杯くらい飲んでいたし、我が家で地区のみんなが集まって宴会を開いた時には、赤玉ワインや日本酒の味見もしていた。高校生の頃は、夏に冷蔵庫で冷えていた「ワンカップ大関」を一気飲みしたこともある。我が家では爺さん、親父ともに酒飲みで子どもの私もお酒の消化酵素の分泌量は人並み以上だったようだ。つまりはお酒に強い家族だった。

ただし、お酒やビールを子どもに飲ませていいと主張するものではない。ネットで検索すると二十歳未満の飲酒（大量の酒類をある程度の期間飲んだ場合）は百害あって一利なしの説明文が出てくる。

未成年者は心身ともに成長の過程にあり、アルコールの分解能力が成人に比べて弱い。そのため、脳細胞の破壊や萎縮がもたらされ知的発達障害になる恐れがある。お酒を多量に摂取するとアルコールを分解するためにビタミンB1（チアミン）が使われるので、脳内のビタミンB1が足りなくなって「ウェルニッケ脳症」（脳の奥の方の部位〈脳幹部〉に微小な出血が起こり、細かい目の振るえ〈眼振〉や目の動きに制限が出る〈眼球運動障害〉、意識障害などの精神状態の変化、ふらつき〈失調性歩行〉など、様々な症状が急激に出現する。さらに大人でも長い間大量に飲酒すれば記憶力や判断力、思考力、意欲の低下が起こる。また、成長過程での飲酒は脳細胞に影響を与え二次性徴が阻害され、生殖器に害を受けることがあり、男性の場合は勃起障害、女性の場合は生理不順や無月経になることがある。

さらに肝臓をはじめとする臓器に障害を起こしやすくなる。

息子は今も健康そのもの、今でもお酒を楽しんでいる。

大漁定食を食べた

「大漁定食」とは「越前ガニが一杯」ついている豪華な定食である。場所は福井県の敦賀漁港であり、日曜日の昼食のためのドライブである。名古屋から名神高速を走り、北陸自動車道を通り、敦賀漁港に向かう。

ドライバーは妻である。私はスピードを出しすぎるから危険運転の傾向があるとされ、家族で移動する時はいつも妻が担当していた。昔、息子が幼い頃、仕事仲間で三重県の亀山ゴルフ場でコンペをした時、幹事を担当していた。その時、朝早く名阪国道で先頭を走っていて制限速度を四十キロオーバーして呼び止められ、免停になったことがある。

正月にはイセエビやタラバガニを取り寄せて食べていたが、食べるのは面倒ではない。

しかし、越前ガニは足が細いため食べにくい代物だ。私は伊豆地域に社員旅行で行った時、ホテルの食事の世話役のおばさんに食べ方を教えてもらったから知っていたが、息子は大変だった。なかなか身を食べられないので、手本を示してあげた。

家族がそれぞれ苦労して越前ガニを食べた。

大漁定食の後は帰宅するだけだが、帰りに越前ガニより食べやすいタラバガニの箱を買って夕食に食べた。

高校生の頃

四国一周旅行

当時、私は東京に単身赴任の身であり、息子は高校をやめて予備校で勉強していた頃である。家族三人で四国の旅に出るのは久しぶりのことだった。

まずは、愛知県から新幹線で岡山に移動し、瀬戸大橋線で淡路島を経由し、徳島県に移動。高松から小豆島までフェリーで移動し、小豆島の観光を楽しんだ。

島の名産品であるオリーブを見て、高松に戻った。

また、香川県の名所、金刀比羅宮の階段七八五段を上り、さらに奥社まで一三六八段を息子と上った。妻は途中で脱落していた。あの時は普段の運動不足のため、私の疲れは経験したことがなかったほどだった。また、妻の運動不足は私以上だった。

それでも十代の息子は元気よく、奥社まで上っていった。何分か遅れて私も奥社へ。

その後、愛媛県の道後温泉に行き宿泊。帰りがけに坊ちゃん列車の展示物を見て高知に戻り、商店街の店でタイソーメンなどを食べた。

二泊三日の短い旅だったが、高校にも行かず引きこもり気味の息子に元気を与えた旅になった。金刀比羅宮の階段を元気よく上っていった息子は息を吹き返した。

大学生の頃

ラスベガス・グランドキャニオン

息子が二十二歳の時はラスベガスに行った。

中部国際空港からラスベガスに行く場合、直行便がなくサンフランシスコ空港で乗り換えが必要だった。サンフランシスコ空港までは順調だったが空港に着いたら厳重な手荷物検査・身体検査がなされ、昼頃にラスベガスに着く便に乗れず、夜の七時頃になってやっとラスベガスに着いた。

ネバダ州のラスベガスは暖かいところであり、当時は三十度の気温だったが湿度が三十パーセント程度のため、ジャケットを着ていてもあまり暑いとは感じなかった。ラスベガス市街地には多くのホテルとともに催し物が豊富であり、家族三人でそれぞれが見たいところに行くために集合時間を決めて単独行動をとった。親が見たいもの、子どもが見たいものは異なり、二十二歳の息子にとっては安全な冒険だったに違いない。私は専らスロットマシンで一攫千金を狙ってみたが、ホテルに献金するだけに終わった。

またラスベガスと言えば近くにフーバーダムがあり、グランドキャニオンがある。

当時はグランドキャニオンをセスナから眺める機会があった。

グランドキャニオンは、アリゾナ州北西部の大地に全長約四五〇km、深さ約一・六kmにわたり横たわる、世界最大規模の峡谷である。

広大な岩肌の間を流れるコロラド川は澄み切った水の所もあるが濁流の所もあり、川のほとりには何本かの樹木、小さな林になっている所もある。

フリーモント・ストリート・エクスペリエンスは商店街の活性化のために、映像と音楽が十分間すべてコンピュータ制御で天井に色鮮やかな模様を映し出していて、観光客でいっぱい、大にぎわいだった。芸術家も多く参加していて、カラフルな砂で描く画家もいた。

噴水の風景で有名なベラージオホテルでは『O』を鑑賞した。

『O』とはフランス語で「水」。

巨大なプールと高い天井からのサーカス装置で大変なオペラ。大変とは、体力勝負で、モダンバレー、体操、水泳、サーカス、おまけに最後は中国の雑技団と分かる軟体演技。

オペラ終了後はスタンディング・オベーションの嵐。ただし公演中は撮影禁止のため、

グランドキャニオン

フーバーダム

映像に残せないのが残念だった。

カメラでフラッシュが出たら叱られる、チェック担当の職員もいる。

上海・豫園旅行

息子が二十三歳の冬・正月休みの時には上海旅行に連れていった。

上海浦東空港からリニアで地下鉄二号線の駅まで、乗車時間は約八分、最高時速は四三〇キロの乗車を経験させた。コロナで乗客が激減したために現在では時速三〇〇キロになったようだが現在でも無用の長物と見られながら運行している。上海リニアは当初の計画では時速百キロ程度を想定してドイツの企業に発注したが完成したのは最高時速五百キロになった。

時速百キロとは中国の交通計画を記した「ホワイトペーパー」に記されていて、上海の博物館で購入して読んだことがある。中国語の他に英語でも記述されている。

中国の契約は途中で勝手に内容を変更するからドイツは損したのかもしれない。

上海では、リニアをバックに家族写真を撮った。上海の歩行者専用道路の途中で昼食をとった時、息子は冷たい幕の内風の弁当を食べ、腹痛になった。中国の台所は日本に比べ

魯迅公園：ダンス練習中

魯迅公園：二胡演奏中

て不衛生な面もあるから、私と妻は熱処理された温かい麺を選択していた。

テレビ塔に上がってそこから上海市街地の風景を三人で満喫した。東京以上に高い建物が林立していた。私が過去に見てきた香港や釜山の高層住宅団地に負けないくらいの風景である。

上海市からの依頼を受けて過去に調査したことがある豫園に行ってみたが相変わらずの混雑ぶり。また、何回か通ったことがある豫園のある地区から浦東地区に行く地下鉄道では電飾されたカラフルな空間を息子に見せた。

それ程感動する代物ではないが、記憶に残る空間である。

また、私も初めてだったが魯迅公園に行った。そこには現在でもテレビで見ることがある風景があった。そこでは高齢者集団が体操や太極拳をやっていて健康に気を使って生活している様子がうかがえた。また、日本の三味線のようであるが、弦が二本だけの「二《に》胡《こ》」を演奏する老人達の他、日本人で扇子に漢字の詩を書いて観光客に売る老人夫婦にも会った。私はその老人から漢詩が書かれた扇子を二組買って事務所職員の土産のひとつにした。

◆上海での仕事

平成十四年に上海博覧会向けの営業に二〜三回博覧会事務局を訪れたことがある。

また、同済大学に行って情報交換を試みたが、相手は日本語が達者、過去に日本の国立大学で修士課程を経験していた教授連中であり、情報交換ではなく一九七〇年に開催された大阪万博の情報を聞かれて終わった。大学訪問は失敗だった。

上海市内の観光拠点である豫園では、観光客五百人（平日五二〇人、休日五一九人）を対象にしたヒアリング調査を上海の調査員（中国人）が実施し、豫園の将来計画・改善計画の参考資料とした。

質問項目は、ヒアリング実施日が平日・休日の区分の他①〜⑤の質問をした。

①どこから来たのか
②豫園に来るまでに利用した交通手段
③豫園での滞在時間
④同行者は何人か
⑤対象者の性別・年齢

ヒアリングしたのは当時上海事務所の職員と中国人のアルバイト。ヒアリング調査の他に豫園商城内の駐車場所別の交通手段の台数なども調査し、将来の交通計画に活用した。

上海市が発注した調査であり、最後の会議では上海市長が次のような言葉を述べていたとのこと。私は当日欠席していた。

欧米のコンサルタントが描く将来計画は実態を把握しないで済ませているが、日本のコンサルタントはヒアリング調査や実態を把握した上で将来を描いている点が異なり、結果に満足していた。

また、豫園への観光客は年寄りが多いと思っていたが、ヒアリング調査結果では若い人も多いことが確認できたとのこと。

上海市長と言えば中国共産党の中でもエリートコースであり、市長の一言で契約通りの金額を受け取った。

利尻島・礼文島旅行

私は二十歳の時に中学時代の同級生三人と十二日間かけて北海道一周をしたことがある。旅費は中目黒で建設中の都市インフラとなる電線、水道管などを地下に埋設する共同溝の工事現場で一日七千円のアルバイトを十四日間続けて稼いだ。要するに土木作業であり、スコップ片手に土砂を運搬したり、五十キロのセメント袋を担いで移動したり、結構重労働だった。

あの頃の一般の土木作業員の日当は二万円くらいであり、学生の私は比較的軽い作業を任されていた。昭和五十年のことである。

当時は青函トンネルがなかったため、青函連絡船で青森から北海道に渡った。その後、函館から室蘭、苫小牧、羅臼まで行き羅臼の民宿で帆立が入った定食を食べさせてもらった。また、襟裳岬や知床岬にも立ち寄った。阿寒湖、摩周湖、支笏湖などの湖にも行った。網走では刑務所で働いている人々を見た後、稚内まで蒸気機関車で移動し、利尻島、礼文島に行った。

当時は礼文島の海岸でメノウ石をたくさん拾った。そのため、約三十年後の旅行で、また拾おうとしたがメノウ石の持ち帰りは禁止になっていたので、ちょっと残念な気持ちになった。

その後、旭川を経由して札幌へ。さらに函館へ、と楽しい旅ができた。こんな思い出があったことから、息子を利尻島、礼文島に連れていき、島の魅力を体感させた。

利尻島では朝の四時に起きて、親子三人で日の出を見るために小高い丘まで登り、朝日が出てくるのを今か今かと待った。

また、礼文島ではバスで島を一周し、お昼にはバフンウニ丼定食を食べ、海産物、加工品を販売している船泊漁業協同組合の施設に立ち寄り、おいしそうな海産物を見て回った。あの時は「たこ燻製」を買ってバスの中で食べた。今でも、礼文島の船泊漁業協同組合の商品を紹介しているメニューの一つとして掲載されている。

息子が社会人になって

息子夫婦に招待された屋久島旅行

息子夫婦が鹿児島県にある縄文杉を見る三泊四日の旅行に招待してくれた。目的の一つは屋久杉までのトレッキング。名古屋空港から福岡空港へ、さらに小型機で屋久島へ。宿泊地のバンガローまで車で送って頂き、初日は終了。

二日目は朝早くから、バスでトレッキング開始地点まで行って、縄文杉目指して歩き出した。片道約十一km（トロッコ道約八・五km＋山道約二・五km）の上り道だから十分な体力が必要であり、母親は山道手前途中でリタイア。

旅行前には息子夫婦は練習として母親を連れて散歩して、訓練していたが、普段の運動不足を補うことはできなかったようだ。

私は田舎生まれで足腰には多少の自信があり、息子夫婦と三人で縄文杉までたどり着いた。

縄文杉の根元

屋久島：鹿

屋久島：猿

目的を達成したのち、母親と合流しバンガローに戻った。

二日目は日産「NOTE」で屋久島の外周道路を一周の旅。島の北側から時計回りで移動。島の南側には永田いなか浜があり、ウミガメが産卵する穏やかな砂浜があった。ウミガメには会えなかったが、砂浜に残っていたウミガメが歩いた跡をみた。

また、大川の滝（落差八十八m、屋久島では最大級の大瀑布。荒々しい岩肌と豪快な水しぶきが売り。南九州一の落差の滝）にも立ち寄り、水しぶきを楽しみ、大きな岩肌に身を任せ日向ぼっこ。

さらに進むと、野生の猿や鹿が道路で出迎えてくれた。

帰りには福岡市のキャナルシティを見学して、昼食をとり名古屋に戻った。

Ⅴ　父親の子育てに対する思いと役割

子育てに対する思い

最終目標は自分の力で生きていける子にすること

生まれた時に命名した。

名前に込めた思いは、将来自分の能力で生きていけること。この中には他の人と協力する、力を借りることもあるだろうが、とにかく手に職をつけて生きていけるようになること。

世の中には、そのための手段としていい大学に入れるための教育に力を注ぐ、自分の職業を継がせる（社長の座を明け渡す、職業の見習いをさせる）などもあるが、一般家庭の子どもは小さい時に読解力や集中力を付けて、自ら情報を集め処理できるようにならないといけない。

多くの本を読むことで語彙力・読解力を付けて、集中力があれば学校の勉強も容易にこなせ、いい高校、いい大学にも入れるようになる。そして、いい就職先の選択の他、自ら社長・チームリーダーになって稼いでいけるようになる。

私の息子で実験的にやってみたのが、小学生の高学年の頃からパソコンを自由に使いこなし、情報を集め発信することができるような環境を与えたこと。

私の時代は学生時代にコンピュータの知識、統計・分析に関するプログラミングの知識を身に付け、社会に出てから情報処理もできるような職業に就くことであった。

これに対して、息子の世代では、数多くの情報を収集し、加工して新たな情報として発信していくこと。そのため、ホームページの作成プログラム、各種ソフトのプログラムなどの知識を覚えることが求められ、息子はそれに対処できるようになった。

さらに次の世代では、ＡＩに関するプログラミングが求められ、現在でも小学生からプログラミングの勉強を進めている。

世の中の情報はどんどん変化していくものだが、そんな変化の中で新たなことを学び生きていかなければならない。どんどん変化していく世の中で自ら学び自分の職業を見つけて生きていけること、そんな人間を育てることが子育ての最終目標と考えている。

いい大学に入れることだけが子育てではない。その先が問題だ。

今、中国では大金をつぎ込んで一流大学に入れても、卒業しても多くの学生が就職できないでいる。その原因は大学の定員の急拡大を受けて、労働力市場において大卒者が供給過剰になっていることや、大学教育の質が低下していることにあるようだ。日本では人手不足のため、賃上げが盛んに検討されている。世の中がどんな状況になっても、自分の生きる道を探して生きていけたらどんなに素晴らしいことか。

職を探す場合、自分が好きなことを仕事にできれば成長しやすく、長続きする。このことにより、好きな仕事分野での社会的地位の向上も期待でき、充実した人生を送ることができる。

現代の日本で好きなことを仕事にしている人の割合は約四分の一という調査結果がある。好きでなくても生活のために働いている人が多いことになる。好きでなくても仕事内容が簡単ですぐに覚えることができることで満足している人が多い。

息子はパソコン好きで、中学の時にホームページのプログラムを自分で習得した頃から、今の仕事でもプログラム作り、システム作りの生活を送っている。

家庭を支えるためにしっかり働く

昔ながらの考えかもしれないが、父親の役割で最も大事なことは家庭を支え妻や子どもが安心して過ごせる家庭にすること。最も大事なことは生活費・養育費の確保である。

私の親父もそして多くの家庭の父親も家族のために一生懸命働いていた。

私は大学院を修了した三年後に結婚した。一年目はコンピュータでアンケートデータの集計プログラム作り、先輩とともに政令指定都市の二十年後の財政を予測するためのシミュレーションプログラム作り、デュアルバスシステムの需要予測・収支計算、デュアルトラックシステムの需要予測・採算性の検討などコンピュータ三昧の生活。まともに一冊の報告書を一人で書いた記憶がない。就職した会社の新人の目標は一年目で一冊の報告書を作れるようになることだったが、それができなかった。もっぱら計算機とのにらめっこの生活だった。

二年目の夏は地方事務所に転勤になり、大規模調査・パーソントリップ調査の研究員としての生活が始まったが、仕事ができるというまでには程遠かった。定期的（週一回）に開催される会議のためのデータ分析・資料作りのために終電近くまでの残業が続いた。早く先輩研究員と同じように仕事ができる職員になりたいと思いながら頑張っていた。

東京勤務の時と同じように残業を繰り返し、早く一人前になりたい、そんな思いで残業生活を繰り返していた。残業時間はわからなかった。当時はフレックスタイム制であったので出勤、退勤時間を記入することもなかった。数年後には労働省の取り決めに従いタイムカードを使って労働時間を記録するようになったが、生活は変わらなかった。

残業時間は月百時間、二百時間は当たり前だったが体調に問題はなかった。睡眠時間の平均は四・五時間、学生時代から変わらなかった。

とにかく仕事を覚え一人前の職員になること。自分で仕事ができるようになってきたと感じ始めたのは入社後五年目からであり、自分で営業し仕事を取ってきて自分一人でこなせるようになり、目標限界利益も達成できるようになった。

仕事のために計算手法に関する本を読み、新たな手法の開発も少しずつできるようになった。十年目くらいには会社の中でも稼げる職員になっていた。

しっかり勉強しながらしっかり働き、給与も高くなっていた。

やっと家庭を支えられるようになっていた。

早く一人前の職員になろうと努力した結果は報われるようになった。

どんな職業でも頑張れば何とかなるものだ。

繰り返しになるが、入社三年目頃から一つ二つの仕事を任され、五年目頃に稼げる研究員になれた。稼げるとは自分の給与をもとに設定された目標限界利益を超える利益を出せるようになること。

それ以降は顧客も増えて、順調に利益を拡大できた。月一回の東京本社に対する当該年度の限界利益の見込み額も六月、七月頃には明らかになった。

十年目頃には、大型の随意契約をしてもらえるようになり、年収が増えていった。

自分で考案したデータの分析方法も増え安定した受託環境を作ることができた。

現代ではあまり役に立たないシステムだが、一九七〇年代から一九九〇年代では次のような分析システムを考案し、利益を上げていた。

- 駅周辺に集中する二輪車（自転車・バイク）の駐車需要の予測
- 人の動き（パーソントリップ調査）のデータを活用したバス路線網の予測
- 都市計画道路の優先順位にＡＨＰ手法を適用した分析手法の活用

その他、交通計画・交通政策に関する分析手法などを提案している。

読解力を身に付けるために

読解力とは文章を読んでその内容を正しく理解し、解釈する力のこと。

読解力が高まると子どもの学力向上、成績アップにつながる。読解力を鍛えるプロセスで情報の収集力が高くなり、勉強がスムーズに進み、成績が向上する。

また、読解力を鍛えることで、コミュニケーション能力が高くなるので、他の人との良好な人間関係を築けるようになる。読解力があれば相手が自分に伝えたいことを正しく理解できるようになる。また、自分が伝えたいことを相手にどのように伝えたらよいのかがわかるため、説得力のある話し方ができるようになる。

それでは読解力を身に付けるためにはどんなことをしたらよいのか。

一つは語彙力をつけること、言葉の意味を正しく覚えること。

そのためには、昔から多くの人がやっているように辞書を引くことが重要になる。

昔なら、分厚い辞書で、指を使って言葉を探し当てていたが、今では電子辞書があり、パソコンの検索機能も利用できる。方法はどうあれ、知らない言葉が出てきたときには自分なりにかみ砕いて理解しようとする習慣が必要になる。

また、読書をする。

日本の生徒は「読書は大きな趣味の一つだ」と答える生徒の割合がＯＥＣＤ平均より高いなど、読書を肯定的に捉える傾向がある。また、このような生徒ほど読解力の得点が高い傾向にある。新聞、雑誌、コミックなどなんでも文章を読む習慣が大事と言える。

その他、幼児期や小学生の頃は音読することも役に立つ。

音読することにより、文章を理解しやすくなる。音読を繰り返すことで、難しい文章でも正しく理解できるようになる。

さらに、文章の要点をまとめると読解力を鍛えることに役に立つ。公益社団法人全国学校図書館協議会が調べた「過去三十一回分の五月一か月間の平均読書冊数の推移」を見ると小・中学生の平均読書冊数の伸びがみられることから、近年、小・中学生の読解力も向上していると推察される。

要点をまとめる訓練を繰り返すことで要点を意識して文章を読み解けるようになる。

それでは読解力の達成度を調べる方法にはどんな物があるのか。

一般社団法人日本速脳速読協会が「六問でわかる、読解力」「読解問題よみとくん」をネットで提供している。

https://www.sokunousokudoku.net/yomitokun/

これで基礎読解力を判定している。各問題共に一つの文章を読んだ後に次の文章が正しいか正しくないかを答

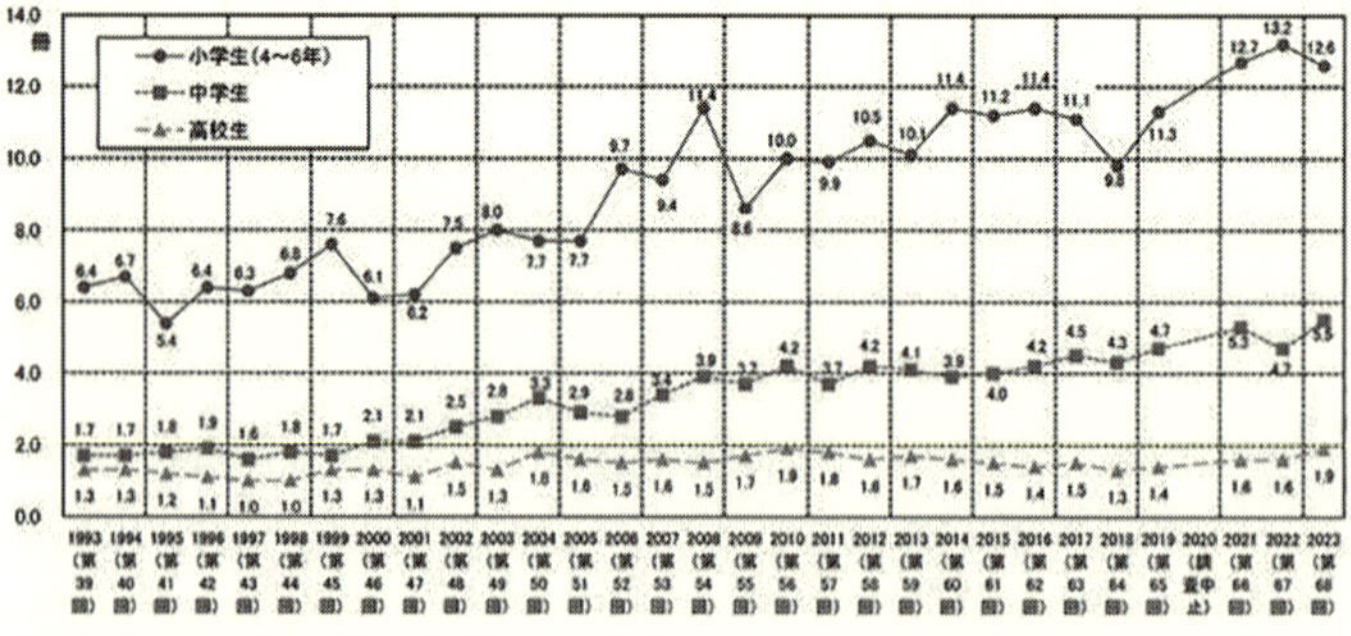

過去31回分の５月１か月間の平均読書冊数の推移

えることで測定される。

六問の判定結果として正解率の低い方から「探偵の隣人級　見習い探偵級　探偵助手級　少年探偵級　天才探偵級　名探偵級」と表示される。ただし、各問題ともに六十秒以内で回答することが必要であり、時間切れは不正解となる。皆さんも一度試してみてはどうでしょう。

文部科学省では読解力の向上に向けた対応策として、以下の三項目を挙げている。
◇指導の改善・充実　学習基盤となる言語能力・情報活用能力の育成
◇調査研究の充実　読解力の向上の基盤整備
◇学校ＩＣＴは環境整備の加速化　「学習上必要な時に一人一台使える環境」の構築
特に「読解力の向上の基盤整備」に向けた調査研究として次の点が示されている。

◆子供たちの読解力に関する詳細分析
■国立情報学研究所・教育のための科学研究所等と連携し、高校生を対象とするリーディングスキルテストを実施する（二月予定）など、子供たちの読解力に関する課

題を詳細分析

◆言語能力の向上に関する調査研究（文部科学省）

・次期学習指導要領の方向性を踏まえた指導改善のポイントに基づく実践的な調査研究

◆諸外国の国語の授業におけるICT活用の現状分析と事例収集（国立教育政策研究所）

・授業におけるICT活用率の高い北欧を中心に、国語の授業におけるICT活用に関する指導の現状を把握・分析し、事例をとりまとめ

◆全国的な学力調査におけるICTの活用に関する調査研究

・全国的な学力調査を活用した、ICT活用型の読解力の測定手法の開発テストを実施する（二月予定）など、子供たちの読解力に関する課題を詳細分析

子どものためにできることは何でもしてあげる

子どもとの付き合いでは手助けを求められることがある。

何か知りたいと言えば知っていることを教え、何かうまくなりたいと言えばどのように

したらその目的が達成されるか、自分の経験を伝える。

自転車の乗り方を教えたことが良い例だ。

時には欲しいと言う物を買ってあげることがあり、欲しい理由は確認せずに買ってあげる。

小学校低学年時のローラースケートであり、高校入学の時のパソコン、そして就職前のノートパソコンなどがある。

幸い私の稼ぎは平均を上回っていたので、子どもの要求を聞くことができた。

また、私の息子は買ってほしい理由を言うから、抵抗もなく買ってあげた。

一方で、子どもの意志に関係なく、子どもの能力を高めるだろう、将来役に立つだろうと思うこともあり、多少の出費を惜しまずに投資した。この中には、百体以上のシリーズものの組み立て型プラモデル、パソコン、海外旅行に連れていったことなどがある。

ただし、教育関係の押し付けはしないで済んだ。勉強しろと言ったこともない。

子どもの活動を支援する

私の親父は忙しい毎日を過ごしていたこともあり、子どもに勉強しなさいとか、習い事をしなさいとは言わなかった。母親もそんな雰囲気である。家計から見てもそんな余裕はなかった。

昔はみんな「自由放任主義」のような子育てをしていたようだ。私もその血を受け継いでいて、子どもの好きなようにさせ、子どもから要求があれば対応する程度の父親である。

小学生の頃にローラースケートが流行っていて、買って欲しいと言われれば買ってあげ、高校に入った時に新しい自分専用のパソコンが欲しいと言われ夫婦でお金を出し合って買い与えた。また、就職する時期になって仕事で使うから小型のノートパソコンを買ってと言われたので、ヤマダ電機に一緒に行って買ってあげた。

あの時は母親から「お父さんに頼んでみなさい」と言われたようで、父親の出番になった。

基本は子どもの行動・活動を支援する立場で接している。

子どもの行動に全く関心を持たないわけではなく、学校の行事としての授業参観や運動会の時は夫婦で参加し、子どもの行動を見ていた。

また、大学で学園祭の実行委員長を担当していた時は大学に行ってどんな催しを学生がやっていたのか、見物してきた。自分が学生の時に参加していたことを思い浮かべて比較していたのかもしれない。

また、私の父親がそうだったように、私からあれこれ言うことはなかった。基本は自由放任主義である。自由にしておくことによって、自分で物事を考えられるようになり、社会に出ても自ら行動できる人になる。

また好奇心のままに考え、行動するので、さまざまなことに興味を持てるようになる。そんな性格になることで自立できるが、目標を達成するために助けが必要になったら助け船を出す程度に考えている。

子どもとの会話の機会を活用する

話しやすい親になることに気を使っており、私が休みの時は親子三人で外食することにしていた。行く場所・店は妻と息子に任せていた。定食屋さんか、肉がたらふく食べられるビュッフェスタイルの店が多かった。肉を焼くグリルがテーブル席にあり、牛肉、野菜も食べ放題であるから経済的でもある。

妻が、食欲がない、または家事で忙しい時は息子と二人で外食をした。息子が大学生の頃のことであるが、自宅から歩いて行ける近くの蕎麦屋、寿司屋が多かった。

蕎麦屋では昼から「ビール」を飲めるし、「板わさ」も食べられる。息子のお気に入りはエビが入った「おろしそば」だったかな。

ちなみに、息子がビールの味を覚えたのは三歳の頃であり、ぐい飲みに一杯の量をナメナメしていた。親子三人で夕食に出かけた時、中学生になっていた息子はコップで飲むようになっていた。母親公認である。父親譲りとあきらめていたのかもしれない。

私が幼児の頃は爺さんも父も日本酒を飲んでいて、私が「ぐい飲みで二杯飲むとやめるいい子だった」と私の母から大きくなってから聞いたことがある。私は息子の酒飲み仲間である。

こんな時は息子の近況などを聞くことが多かった。

また、食事を終えて帰宅する時は母親への軽食として千円程度の寿司セットを買って息子から渡すようにしていた。

私は親父と二人で会話することはほとんどなかった。それは、親父は話好きの性格ではなかったこと、毎日の生活で忙しかったからかな。

あくまでも子どもの立場を尊重する

息子が高校に入学したものの、二週間ほどで高校をやめると言った時は流石になんでやめるのかと問い詰めた。同時に私の通勤用のカバンで頭を軽く突いた。やめた理由は何も話さなかったので、理由がわからず仕舞い。親としては大学まで卒業してほしいと思っていたので、高校に行かないなら大学検定試験を受けるしかない。妻は塾に通わせ後のことを心配していた。

中学時代の成績は良好だった。成績表を見たことはないが、成績が良かった三人で難関の私立高校を受験して全員不合格になった。昔風に言うと、三羽ガラスが三馬鹿トリオになって帰ってきた。

パソコンで遊んでいる時間が長く、高校受験のために九月になって塾に通い始めた。ただし、受験勉強を意識したのは十二月になってからであり、ある日数学の図形の問題について質問されたことがある。高校受験の試験の結果は五教科の中であまり勉強していなかった理科で一つ間違えたが、結果は五百点近い成績、ペーパー試験はトップだったが、高校受験の場合内申点が考慮される。息子の内申点は中学二年生の時に、友達が保管していた腐った牛乳を誰かに飲ませようとしたことがばれて先生、校長先生から母親同席で二時間ほど説教された。

結果として内申点は六十点くらいに下げられた。そのため入学生全体のトップ合格にはならなかった。

このことは妻からの情報であり、確かなことはわからない。入学して二週間で不登校になった。九月になり、担任の先生と親子で面談することになったが、息子は高校には戻らないというので、大検を受けるしかない。親としてはこれを認めるしかなかった。

世の中をうまく泳いでいけること

私が東京に単身赴任している時、息子は十八歳になり、大学受験する時期になった。どこを受けるのかと聞いたら決まっていないと言う。親としては国立や公立大学に入ってほしいと思っていたが、決まっていないと言うので、今から受けられる大学を決めて受けなさいと言った。

勉強していなかったので偏差値の高い国立大学などは受けられない。

受験したのは現在の大学の偏差値順位で見ると一五四番目であり、偏差値は四九・五。平均以下の大学になるが日本全国の大学数の推移から見ると、全国で八〇七だから最低ランクではないだけで救われる。

だが、息子が小さかった頃、あの大学には入らないでくれと言っていた大学である。息子にとっては勉強しなくても入れる大学だったようである。

それでも入学し一年生から大学祭の実行委員として活動をはじめ、布団を持ち込んで、大学で生活していた。自宅から自転車を使った場合、十数分で行ける距離なのに、なぜ布団を持ち込んだのかわからない。こんな時は母親の精神状態は最悪のはず。母親と喧嘩したのか、単身赴任をしていた私にはわからない。

二年生になってからは実行委員長として活動し、アルバイトも少しやっていたようである。

実行委員は催し物をする企業や団体と交渉することも求められ、結果としてうまくやっていたようである。営業という一つの職を経験していた。

また、息子は中学の同級生だけでなく、大学の友達にもホームページの作り方を教えていた。このことが分かったのは息子の結婚式の時であり、私と妻の席に同席していた二人から昔ホームページの作り方を教えてもらったと聞いたことで分かった。

息子にとってパソコンのプログラミング技術は後の職業の始まりだった。

創造する能力を育てる

おもちゃで何かを作る、組み合わせて形にする。

小さい時に息子に与えるおもちゃとして戦士型のプラモデルを保育園の頃から小学三年生の頃まで与えていた。新しいものが出ると番号が大きくなり、値段は三百円くらいから二千円程度のものまであった。プラスチック製の組み立て型なので説明書が付いていた。私も小中学生の頃は飛行機や戦艦のプラモデルを組み立てた思い出がある。

また、プロペラ飛行機を作ったことがあり、「竹ひご」をアルミ菅でつなぎ、翼の骨格をつくり、紙を糊付けする。プロペラをセットし、太目のゴムを巻いてその反発力を利用して飛ばせるタイプである。私が小学生の頃（昭和三十年代）は百円くらいで買えた。

息子が保育園の頃は説明書の文字が読めなかったので、母親の助けが必要だった。その後小学生になってからは自分で読み、出来上がりを見て組み立て方を覚えていった。段々説明書はちらりと見るだけで部品を組み立てられるようになった。

ものを組み立てる行為は建設本能を育てるだけでなく、新たなものを作り出す能力にも役に立つものであり、創造力を養うことにもつながる。

創造力を養うために、樹木希林さんは娘に何も買い与えなかった、すると娘の内田也哉子さんはうちにあるフライパン、ハンガー、傘などを使っていたとのこと。これに対して脳科学者の中野信子さんは、樹木希林さんは想像力を養ういい教育をしたと評価している。創造力は何もないところから生まれるという観点であるが、私は形あるものを作り続けることで別のものを思い浮かべることも創造力を養うと考えていた。

会社の帰りに松坂屋五階のおもちゃ売り場に立ち寄りまとめ買いをして母親に渡した。母親には息子に元気がない時などに一つずつ渡してくれと頼んだ。

最後に渡したのは息子が小学三年生の時、交通事故に遭い、脚を骨折して三カ月ほど入院していた頃であり、あの時は二千円程度の大きなタイプを見舞い品として渡した。

退屈な毎日の慰めになったに違いない。プラモデルを百体以上組み立てることで創造力がどれほど高まったのかは計測できないが、生活の中で「工夫する」ということに何か貢献したと考えている。大きくなり、高校生や大学生の頃はパソコンのパーツを買ってきて、組み立てていた。組み立てることに抵抗はなかったようだ。


日本の入試は「記憶力テスト」と言われ、ほとんど教科書に書いてあることを確認するだけのテストである。

中学受験、高校入試、大学入試そして企業や公務員試験も教科書に載っている事柄を覚えていればパスできる。中学、高校の期末テストなども覚えたことを吐き出すだけである。

そのため記憶力がいい子は勉強時間が少なくても入試に対応できる。

過去のことであるが、大学の学部試験の中で、「あなたの哲学を述べよ」という問題を出された。また大学院の入試で「放置自転車対策としてどんな対策が有効か」という問題があった。哲学の問題は三段論法や帰納法、演繹法などの文章構成になっていれば合格になっていたと思う。しかし、放置自転車対策は教科書で扱うものではない。時代に沿った形で利用者の特性に合わせて有料制にするか、登録制にするなどの対策が必要であるが、当時は登録制などの手法は普及していなかった。

教科書に載っていることだけを覚えても、独創的な対策、行動がとれない。

新たな発想が必要なことは世の中にたくさんある。新たな発想がなければ、皆と同じことだけを考えているうちは商品の開発や会社の設立もできない。

世界で成功している有名人、マイクロソフトのビル・ゲイツ氏やテスラ社長のイーロン・マスク氏、さらには超有名なアインシュタイン氏などは若い頃に何をしていたのか。

頭が良い人の特徴は「発想力が豊かである」「物事を論理的に考える」「客観的に物事を捉えることができる」さらに「物事に優先順位をつけることができる」人と言われている。

特にアインシュタインは物事に多くの疑問を持ち、論理的に考え続けることで、宇宙方程式を提案した。また、相対性理論など普通の人が思いつかない理論を打ち立てた。

ビル・ゲイツ氏はある状況に新たに入っていって、何かを説明されたらすぐに「じゃあ、これはどう」と疑問をぶつけた。新しいことをすぐに吸収できる人と言われている。ハーバードを中退しているがこれは会社設立のためであって、学業成績はオールAだったようだ。

イーロン・マスク氏は多くの事業を立ち上げている変人で、人類に必要な事業、最も儲かりそうな事業を常に考えていたようである。失敗してもすぐにあきらめずに優れたクリエイティブ感覚を活かして努力している人。これらの成功者であり、偉人に共通していることは通常の考えにとらわれずに想像力・創造力を発揮できていること。

子育てにおいても創造力を発揮できるように多趣味で疑問を持ち続けられる子に育てよう。

父親としての役割

父親が努力している姿を見せる

仕事に必要な資格を取るために日曜日などにいくつかの試験を受けていた。最も回数が多かったものは「技術士」の試験であり、最初の建設部門の試験には四回参加した。一回目、二回目は勉強もせずに試験の雰囲気を感じ取って、と軽い気持ちで参加した。

その後、技術士の模擬試験にも参加してどうしたら合格できるのかを知るために講習会にも参加した。自分が書いた体験論文のどんな点が悪いのか、合格するためにはどんな文章表現として対処する必要があるのか。そのために、どんな勉強をすればよいのか。体験論文以外の一般教養の過去の出題テーマとして何があるのか、専門知識の出題テーマは何かなど、傾向を把握することも必要だった。さらに面接試験で気を付けること、質問の事例なども把握しておくことが必要。

大学受験の時と違って「落ちたらまた受ければいいや」と甘い考えで受験したことは事実。

次の総合技術監理部門の試験を受ける前には講習会に参加した。この部門が新設されたのは平成十三年（二〇〇一年）からであり、技術的なこと以外に、経済性管理（品質、費用、工程バランスの管理）、人的資源管理（組織メンバーの能力発揮や向上の管理）、情報管理（適切な意思決定のための情報収集・伝達・処理の管理）、安全管理（組織メンバーの労働安全管理や事故・災害などによるリスク管理）、社会環境管理（組織やプロジェクトの生産活動に起因する社会環境負荷の管理）に関する知識・経験が求められる。

総合技術監理部門は技術士の中でも「最上位資格」であり、技術士を管理する立場が求められる資格試験であるが、事務所の所長、研究部の部長の経験もあったので、一発合格。記述試験時間は余ったほどである。

その他、交通技術士と言われた最初の試験にも参加、内容は自分の専門分野であったので、一発合格。その他にも宅地建物技術者試験にも参加した。

こんな姿は母親から息子にも伝えられていたので、チャレンジする父親の姿を見せることができた。こんな姿を見ていた息子も自分が趣味としていたパソコン関連の資格試験（初級アドミニストレータ）にチャレンジし、合格していた。

人生にはどんなことにも努力が必要になる、こんな単純なことでも親が見本を示すことで、子どもは背中の一つとして記憶し、自分の成長のために努力することになる。

父親としての存在を示す

父親としての役割で大事なことは家計を支えることである。世の中には夫婦共働きの家庭も多くなっているが、我が家はほとんど私の稼ぎで生活していた。妻もたまにはお金を稼いだ時期もあったが、長続きしなかった。

一家を支える父親として頼りになる存在である。

息子が大学生になり、私が単身赴任をしていたある時、息子は髪の色を茶色に染めていた。

何も悪いことではないが、妻から「父さんから一言いって」とせっつかれたことがある。妻は息子が髪を染めたことに不満らしいが、私は若い頃は変わったこともしてみたくなるものだから、怒るという行動には出なかった。

普段家にいない父親から言われても「はい」という息子でもないことを理解していたので、そのうちもとに戻すだろうと思っていた。

父親は子どもが危ないことをするようだったら、壁になり、それを止めるような存在とも考えられるが、その必要もないと思っていた。

ただし、父親としての出番を期待されたことはうれしかった。

家族に楽しみを与える

ある程度の資金が必要であるが、日常から非日常の世界を与えることは必要である。

家事に疲れている妻のために週一回は外食をしようと言ったのは結婚して間もなくのことであり、週一回は外食した。子どもが生まれて私が土日休んだ場合は週二回外食した。ほとんど昼食であるが、私が資格試験で昼にいなかった時、子どもが大きくなった時には夕食を楽しんだ。

また、息子に海外での体験をさせるために旅行をしたことは、妻にとっても息抜きの機会となり、息子が就職して夫婦二人になっても年一回は海外旅行を楽しんだ。

海外に行くことを楽しみにすること、もう少しで旅行するというワクワク感を家族に与えることも父親としての役割になるだろう。もちろん旅先で家族が楽しい時間になるようにいろいろと心配りをした。その一つは妻や子どもが旅先で買い物をする時に必要な元手であり、空港で両替して、その元手を少し分けてあげたことであり、家族でラスベガスに行った時は、妻と子に二〇〇ドルほど渡した。

その他、息子が必要としている物を買ってあげることも同様の目的で行ったものである。

子どもに広い世界があることを教える

海外の言葉や風景、文化に触れることで視野が広がり新しい発想が生まれる可能性がある。

また、本やインターネットで得られる知識よりも現地に行って実際に体験した方が、より理解が深まる。行く所はほとんど観光地であり、実際に自分の目で見て肌で感じることもできる。そんな思いから何度か海外旅行にも連れていった。

三歳の夏は沖縄、正月は船旅で韓国釜山、五歳の夏はシンガポール、九歳の冬はオーストラリア（夏）、十一歳の夏はハワイに連れていった。中学・高校の時期は一緒に旅行することはなかったが十七歳の夏は四国一周、二十二歳の夏はラスベガス、冬は私が仕事で上海に行っていたことから、正月に上海、二十三歳の夏は北海道の利尻島・礼文島、正月は二度目のハワイに連れていった。海外旅行をすることで日本人以外の生活を見せ何か得るものがあるだろうという単純な考えであるが、旅先ではハプニングもあった。息子が上海の冷たい弁当を食べ腹痛になった。

また、デジカメが普及する前は旅先で写真を撮り現像していただけであったが、デジカメをよく利用するようになってからは、旅先での写真撮影をもとに十数ページのアルバムを作成してファイルに記録として残している。

子どもが興味を持っていることを応援する

子どもの興味は年齢とともに変化していく。

小さい頃は出来合いのおもちゃで遊ぶ、その次に物を組み立てて遊ぶ。友達がローラースケートで遊んでいたことから、息子もやってみたいというので買ってあげたが、あまり長続きはしなかった。

そのうち電子機器に興味を持ち、パソコンを操作し、情報を扱うようになる。

私の息子は多分野に興味を示していたので、その都度息子の興味あることに付き合った。

小学生の低学年の頃はチョロキューの大会に参加することに付き合い、保育園の頃からプラモデルを組み立てさせるために会社の帰りにデパートに寄ってプラモデルを買って好きなように組み立てさせた。

小学校の五年生の時はパソコンゲームを楽しんでいたことから、自宅にＩＢＭのデスクトップタイプのパソコンを購入し、自由に使わせた。

自由に使わせることで、自分が作成したホームページでプレステゲームの攻略法を発信していた。高校に入ってから自分専用のパソコンを買い与え、就職前にはアップル製のノートパソコンを買い与えた。すべて息子の意志を尊重し、息子の活動を支援するためである。

子どもの意志は親がコントロールするものではなく、私の親父がしたように半ば「自由放任主義」を掲げて、子どもの好きなようにさせてあげることが父親としての役割と考えた行動である。

子どもの読解力・集中力を伸ばしてやる

受験勉強、社会生活には読解力と集中力が必要になる。

例えば受験勉強の最高峰に近い灘高・東大に進学する場合、灘高に進学したから試験問題を解くために必要な読解力が付くものではなく、読解力が付いていたから灘高に合格したと言える。国立情報学研究所教授、同社会共有知研究センター長の新井紀子さんは『AI vs. 教科書が読めない子どもたち』の中で「基礎読解力が高いと偏差値の高い高校に入れる」と記している。

読解力を付けるためには多くの本を読むとともに言葉の意味を辞書で調べるなどの積み重ねが必要と言われている。

私は息子にプラモデル作りの機会を与えたことで集中力の手助けをしたと思うが、読解力養成のための機会を作っていない。息子自身が本を読み勉強した賜物と思っている。

読解力は学校の教科書を読むことで身に付くものではなく、その他の文庫本などを多く読むことで鍛えられる。

例えば、息子が一心に読んでいたプレステゲームの本を読むことの他、中学一年生の時には日本の四大公害病（水俣病、新潟水俣病、イタイイタイ病、四日市ぜんそく）の一つである四日市ぜんそくに関する闘争記録を読んでいた。私はそんな本読んで楽しいかと質問したことがある。息子は「面白い」と答えた。息子はその他にもいくつかの本を手にし、受験勉強をしていた。読書習慣は語彙力を高めるために重要であり、特定の分野の本だけでなくより多くの分野の本を読むことが重要となる。

私の子どもの頃は小学校高学年頃から辞書で言葉・諺の意味を調べ、童話や小説を読んでいた。もちろん新聞も読んだ。そのことによって読解力が付いたかどうか確認のしようがないが、学校の勉強には役立ち、高校や大学の受験にも耐えることができた。

息子も中学までの勉強には役立ったようで、学年ではトップクラスにいたようだ。

また、新しい分野の勉強をしなければならなくなる社会人になっても読解力と集中力は中学卒業までに身に付けることが必要になる。

最低限の道徳・モラルを教える

道徳は、中国の古典を由来とする観念であり、「道」と「徳」という二つの考えからなる。道とは、人が従うべきルールのことであり、徳とは、そのルールを守ることができる状態をいう。（ウィキペディアより）
道徳とは「他者の幸せ」の実現のために行う「行為」とそれを支える「心遣い」のことを言い、周りの人たちとの生活の中でどうすれば幸せに暮らすことができるか、真心から考えること。これに対して、モラルとは日常生活における規律や規則、決まりやルールのこと。

また、道徳が個人や家族などの小集団に用いられることが多いのに対し、倫理は個々人の関係から社会に至るまでより広範に用いられることが多い。

道徳・モラルを教える時は子どもの行動を見て言うことが多い。子どもとの対話ではなく、子どもを叱る時に教えることになる。

時には子どもに教えてもらう

大人が子どもに教えるだけでなく、子どもに親が教えてもらうこともある。

私が中学生の頃は親父に質問され、分厚い百科事典を色々調べて教えたことがある。

現在は息子もプロとして自立していて、得意分野のパソコン関係のこと、最近の電子機器について教えてもらうことが多い。パソコンの電源に異常が生じた時、お勧めのスマホは何か、Wi-Fiの接続方法、その他日常的にも最新情報を教えてもらうことが多くなってきた。

私の年齢が後期高齢者に近づいていくに従って教えてもらうことが増えている。

親が、子どもが小さい頃に質問することは子どもの成長にも役立つ。子どもは一生懸命に調べて親に伝えようとする。小学生、中学生の「博士ちゃん」を見ていて思うのは、非常に純粋に一つのことを熱心に勉強している姿。お城のこと、武将のこと、料理のこと、対象は様々であるが関連する本を読み、知っている人に質問し、自分の知識量を拡大していく。その親もその姿をうれしく思い、様々な支援をしていることも見て取れる。素直な姿に、感心するとともに、「こども」という先入観を捨てることも必要だ。言葉を覚え始めたら、どんどん知識を吸収し、自分の知りたいことを増やしていく。そして一人の専門家が誕生する。

参考文献・資料

◇子育て政策関係資料など
「過去三十一回分の五月一か月間の平均読書冊数の推移」公益社団法人全国学校図書館協議会
平成二十六年度文部科学省委託事業
「令和五年度男性の育児休業等取得率の公表状況調査」（速報値）厚生労働省
「諸外国におけるプログラミング教育に関する調査研究」報告書　文部科学省
総務省「労働力調査特別調査」（一九八〇～二〇〇一年）、総務省「労働力調査（詳細集計）（年平均）」（二〇〇二年以降）

◇子育て事例に関する書籍など
『スタンフォード大に三人の息子を合格させた50の教育法』アグネス・チャン　朝日新聞出版
『東大理三に3男1女を合格させた母親が教える　東大に入るお金と時間の使い方』佐藤亮子　ダイヤモンド社
『父親ができる　最高の子育て』高濱正伸　ポプラ新書
『子育て本ベストセラー100冊の「これスゴイ」を1冊にまとめた本』江口祐子　ワニブックス

『ＡＩ vs. 教科書が読めない子どもたち』新井紀子　東洋経済新報社
『頭のいい子の親がやっている「見守る」子育て』小川大介　ＫＡＤＯＫＡＷＡ
『男を磨けば子供も家族も幸せになる！』青木匡光　22世紀アート
『読解問題よみとくん』一般社団法人　日本速脳速読協会

おわりに

子育てに関する知識があり、学問として身に付けている人、子どもが生まれた時から計画的に対応している人もいれば、本能で子育てをしている人または私のように日々の生活の中で、思い付きで子育てをしている父親もいる。生活に必要な資金がある人、事業・商売などで稼いでいる人もいれば不安定な職業生活で、子どもに満足な食事すら与えられない人もいる。

どんな生活環境で育った人でも立派な人間として成功している人もいる。

子育ての目標をどこに置くのかによっても子どもの育て方、子どもへの投資が異なる。いい教育を受けさせることで子どもの将来を盤石にすればよいだけでなく、現在の民主主義の中で生きていくためには何らかの職について稼ぎ生活していくことが求められる。

結局は食べていける、子どもに好きなことをさせていける子育てが必要になる。

縄文時代や江戸時代の父親は子どもの将来のために自分が経験したことや生活に必要な技術を教えることでその役割を果たしていた。

現在の日本の出生率が低いから高まる方向に貢献したくても三人の子育てができなかっ

た。それでも、息子は独り立ちできていることで、私の子育てはひとつの目的を達成できたと思っている。子育てに良い、悪いはなく、結果として次の世代の人間として生活していける子になればいい。

私の親父は子ども三人を育てたが、特に上手い子育てをしたわけではない。子どもたちは親父の背中を見て育った。母親の背中を見て育った。

その結果、私は比較的恵まれた社会人として生きてこられたし、私の子育ては思いつきの連続であったが、それなりに成功したと思っている。

息子は自分なりに将来を考えながらシステムエンジニアとしての世界を歩み、私が四十歳の頃に受け取っていた年収を三十歳の頃に受け取り、確定申告をしていた。

ウェブの記事の中に「独自の視点でＷｅｂの可能性を切り開く　フロントエンドのスペシャリスト」として息子が紹介されていた記事を見たことがある。

思い付きの子育てだったが、小学生からパソコンを使える環境づくりや何度かの旅行に連れていって、世界や国内の人々がどんな環境で生きているかを見せたことなど、結果として成功だったたと考えている。

最後に本書を仕上げるにあたりお世話になった方々にお礼を申し上げたい。東京図書出版の方々、ありがとうございました。

令和六年九月

佐藤　好男（さとう　よしお）

1954年生まれ。東京都立大学大学院工学研究科修了。建設コンサルタントとして主に国、県、政令指定都市などの都市計画、交通計画・交通政策分野の業務を担当。SF映画大好き人間。2021年、過去の仕事を振り返り、AIを活用すれば生産性向上になることを『働き方改革とAIの活用』（東京図書出版）に記述。

私の親父と息子の親父
忙しいお父さんにもできる子育て

2024年10月29日　初版第1刷発行

著　者　佐藤好男
発行者　中田典昭
発行所　東京図書出版
発行発売　株式会社 リフレ出版
〒112-0001　東京都文京区白山 5-4-1-2F
電話 (03)6772-7906　FAX 0120-41-8080
印　刷　株式会社 ブレイン

ISBN978-4-86641-804-9 C0095
Printed in Japan 2024